Barbara Böttner
Die natürliche Küche Italiens

Barbara Böttner

Die natürliche Küche Italiens

leicht, frisch, vollwertig

CIP-Titelaufnahme der Deutschen
Bibliothek

Böttner, Barbara:
Die natürliche Küche Italiens:
leicht, frisch, vollwertig /
Barbara Böttner. [Fotos Stefan Steib]. –
München; Wien; Zürich: BLV, 1990
    ISBN 3-405-13879-5

BLV Verlagsgesellschaft mbH
München Wien Zürich
8000 München 40

© 1990 BLV Verlagsgesellschaft mbH,
München

Fotos und Titelfoto:
Stefan Steib, München

Satz und Druck: Appl, Wemding
Bindung: Sellier, Freising

Printed in Germany
ISBN 3-405-13879-5

Zu den Rezepten

Die Rezepte sind, wenn nicht anders
angegeben, für 4 Personen
berechnet.

Verwendete Abkürzungen

EL	Eßlöffel
TL	Teelöffel
TK	Tiefkühlkost
kg	Kilogramm
g	Gramm
l	Liter
ml	Milliliter
⅛ l =	125 ml
¼ l =	250 ml
½ l =	500 ml
1 l =	1000 ml

ZU DIESEM BUCH

Niemand muß wohl von den Vorzügen der italienischen Küche überzeugt werden. In den letzten zehn Jahren hat sich die Zahl der italienischen Restaurants bei uns jährlich fast verdoppelt. Es gibt kaum eine Familie, die nicht einen »Lieblings-Italiener« hat, zu dem sie zum Essen geht. Das Essen, egal ob in einer einfachen Pizzeria oder in einem Sterne-Restaurant, hat Qualitäten, die genau zum modernen Menschen von heute passen: Es ist leicht, einfach und köstlich. Die ungezwungene Atmosphäre, die Freundlichkeit der Italiener und ihre Lebenslust bringen einen Hauch von der Sonne und Großzügigkeit des Südens in unseren etwas düsteren Norden.

Aber trotz dieser Beliebtheit ist das, was in vielen Restaurants als italienische Küche angeboten wird, nur ein Schatten von dem, was in den echten italienischen Küchen zu finden ist. Sicherlich sind die populären Speisen wie Nudeln und Pizza, Steak und Salat auch in Italien beliebt. Aber was der italienischen Küche ihren wahren Glanz verleiht, ihre Einzigartigkeit innerhalb der europäischen kulinarischen Welt, ist die riesige Palette an traditionellen Rezepten, die fast nur noch in den Familienküchen zubereitet werden. In diesem Buch finden Sie auch Rezepte für Pizza und Pasta, aber die Zubereitungen sind (abgesehen von der Betonung auf Vollwertigkeit) außergewöhnlich, weil sie zusammengetragen wurden aus den traditionellen Küchen des ganzen Landes, mit all der Vielfalt und dem Kontrast ihrer Regionen.

Italien ist nämlich ein Land von Regionen, jede Region hat ihre eigenen Gewohnheiten und Traditionen, ihre eigene Lebensart, ihre eigenen Gerichte und kulinarischen Überzeugungen. Die Unterschiede in der Küche, die unterschiedlichen traditionellen Zubereitungen sind oft verblüffend: Blumenkohl nach Piemonteser Art wird zum Beispiel mit Sahne und Butter, grünen Kräutern und weißen Trüffeln zubereitet, Blumenkohl nach sizilianischer Art dagegen mit Oliven und Rosinen, Sardellen und Tomaten und mit Cumin (türkischer Kümmel) gewürzt. Ein Norditaliener in einer süditalienischen Küche kommt sich genauso wie ein »Ausländer« vor, wie ein Deutscher in Mailand – nur die Sprache bleibt ihm!

Ich habe dieses Buch zum Anlaß genommen, so viele dieser Regionalküchen auszuprobieren, wie mir möglich war. Da mein besonderes Interesse darin liegt, möglichst gesunde und gleichzeitig möglichst wohlschmeckende Rezepte kennenzulernen, habe ich immer die alte, traditionelle Bauernküche erforscht mit ihren natürlichen, ursprünglichen Speisen, die in fast jedem Land nicht nur am gesündesten, sondern auch am schmackhaftesten sind. Für mich war diese italienische »kulinarische Entdeckungsreise« eine der schönsten Aufgaben, die ich mir je selbst gestellt habe. Die Küchen und Menschen, die ich dabei kennengelernt habe, werden mir immer im Herzen bleiben. Die Wärme und Freundlichkeit, mit denen ich überall begrüßt wurde, haben mir die Italiener zu besonders liebenswerten Menschen gemacht. Ich möchte dieses Buch meinen italienischen Freunden und Nachbarn widmen.

Ihnen allen, die Sie durch die Rezepte dieses Buches eine neue, leichte italienische Küche kennenlernen, wünscht

buon appetito!

Barbara Böttner

INHALT

STECKBRIEF
ZUR ITALIENISCHEN
KÜCHE

ITALIENISCH ESSEN

Italienische Mahlzeiten sind nicht nur zum Essen da, sondern zum Leben, ganz nach dem alten Tischspruch: »Gut essen, gut reden, lange leben, glücklich sein!« Ob es eine fröhliche Runde im Restaurant oder ein Familienessen am großen Küchentisch ist, das Essen ist eine Feier für alle Beteiligten. Und es wird auch feierlich abgehandelt, in mehreren Gängen aufgetragen und in allen Einzelteilen bewundert und diskutiert. Hastiges Schlingen in überfüllten Trattorien der Großstadt, in der Eile des Geschäftslebens gibt es zwar auch hier. Aber das echte Leben findet zu Hause, in der Familie und mit Freunden statt, und der Tisch ist das Zentrum des Hauses.
Gerade diese Gewohnheit, lange beim Essen zu verweilen und die einzelnen Gerichte als eigenständige Gänge zu servieren, führt zu der Eigenschaft, die ich als »Vollwertköstlerin« so bewundere: Antipasti, Suppe, Pasta, Gemüse, Fleisch, Fisch, Nachspeise, alles wird als separater Gang gewürdigt. Und so sind Hunderte von herrlichen fleischlosen Rezepten entstanden aus Gerichten, die ich meist als selbständige Gänge kennengelernt habe.

Es war für mich kein Problem, ein Vollwert-Kochbuch für die italienische Küche zu schreiben: Die meisten Italiener essen vollwertig, ohne es zu wissen. Viermal so viel Gemüse und Obst wie wir, viel mehr Ballaststoffe, viel weniger Fleisch und Fett, das gehört zum ganz normalen italienischen Essen. Und dementsprechend haben die Italiener auch weniger Herzkrankheiten. Es gibt inzwischen in Amerika eine »italienische Herzdiät«, die diese gesunden Gewohnheiten propagiert. Ausschlaggebend für diese gesundmachende Wirkung sind zwei Dinge: der hohe Konsum an Ballaststoffen aus Obst, Gemüse, Getreide und Pasta; und das Olivenöl mit seinem Gehalt an einfach ungesättigten Fettsäuren, die schützende Wirkung auf Herz und Kreislauf haben.
Nirgendwo in Europa habe ich bisher eine Küche gefunden, die für den Vegetarier oder Vollwertköstler so viel zu bieten hat. Wie es der Spruch bestätigt, verstehen es die Italiener, gutes Essen und langes Leben innig zu verbinden. Und sie verstehen auch, daß maßloser Fleischkonsum und kauffreie Schnellimbisse nicht der Inbegriff von gutem Essen sein können.

ITALIENISCH KOCHEN
(GRUNDREGELN)

Die Grundregeln der guten italienischen Küche sind einfach, und für das Gelingen ihrer Rezepte ist es wichtig, sich daran zu halten. Das heißt nicht, daß man nicht »italienisch« kochen könnte, wenn man diese Regeln mißachtet – Tausende schlechter italienischer Restaurants beweisen, daß es möglich ist! Um aber den vollen Geschmack und den gesundheitlichen Wert dieser Küche zu bewahren, sollten Sie sich folgendes zu Herzen nehmen:

1. Nur bestes Olivenöl kaufen: extra vergine, unraffiniert, von leichtem, fruchtigem Geschmack. Probieren Sie mehrere Sorten aus, bis Sie das beste finden.
2. Nur frischen Parmesan kaufen, am besten Parmesan-Reggiano, und immer frisch reiben. Wenn Sie den Käse am Stück in Papier wickeln und kühl und trocken halten, können Sie ihn Monate aufbewahren. Er kann auch eingefroren werden.
3. Nur frisches Gemüse verwenden und das kaufen, was die Jahreszeit bietet. Tiefkühl-Gemüse nur dann nehmen,

wenn nichts Frisches zu haben ist, und nie Dosengemüse verwenden.

Ausnahmen: Gute italienische Dosentomaten sind oft besser für Soßen als blasse, geschmacklose Tomaten im Winter oder Treibhausware. Erbsen sind selten frisch zu bekommen, geben aber – auch als TK-Ware – einem Gericht eine schöne Farbnote.

4. Mehl immer frisch mahlen und Pfeffer immer frisch aus der Mühle verwenden. Versuchen Sie immer, frische Kräuter zu bekommen.

5. Das Essen nicht zu lange kochen, »al dente« (mit Biß) ist – für Gemüse und Pasta – der erwünschte Zustand.

WICHTIGE ZUTATEN

Die Italienische Küche ist nicht exotisch. Einige Zutaten aber, die in meinen Rezepten immer wieder vorkommen, sind in der deutschen Küche nicht alltäglich und sollten erklärt werden.

Olivenöl

Nichts ist wichtiger für den guten Geschmack und die gesundheitlichen Vorzüge der italienischen Speisen als ein gutes Olivenöl.

Viele Menschen meinen, daß sie Olivenöl nicht mögen, weil es einen »fischigen« oder »tranigen« Geschmack hat. Eine Nachfrage ergibt aber fast immer, daß sie als einziges Olivenöl die Billigöle kennen, die zu Tiefpreisen in den deutschen Supermärkten angeboten werden. Kein italienischer Koch, der auf gute Küche Wert

legt, würde diese Öle verwenden, die wirklich dazu führen können, Menschen vom Genuß von Olivenöl abzuschrecken.

Gutes Olivenöl schmeckt fruchtig, leicht und blumig, hat eine hellgrüne Farbe und einen frischen Geruch. Es ist nicht billig, aber gutes Öl ist seinen Preis wert. Olivenöl kann nämlich als einziges Öl wirklich kalt gepreßt werden, d.h., die Ölfrüchte müssen überhaupt nicht erhitzt werden, um das sogenannte »extra vergine« – Öl aus erster Pressung – zu gewinnen. Unraffiniertes Öl hat ein volles, kräftiges Aroma und beinhaltet das gesamte Spektrum an mehrfach und einfach ungesättigten Fettsäuren, die dem Öl seine gesundheitlichen Vorzüge verleiht.

In Italien gibt es viele Sorten Olivenöl mit großen Geschmacks- und Preisunterschieden. Wird das Öl mit hohem Druck, Hitze oder Lösungsmitteln aus den Oliven gewonnen, ist die Ausbeute viel höher und der Preis dementsprechend niedriger. Die teuren Jungfern(vergine)-Öle werden meistens für Rohkost oder Salate verwendet oder auf fertiggekochte Speisen gesprenkelt; mit den preiswerteren wird gebraten und gekocht.

Die Italiener braten ihre Speisen gerne und verwenden dafür fast immer Olivenöl, eine Sitte, der ich auch in diesem Buch folge. Zum Fritieren werden einfachere und billigere Pflanzenöle verwendet. Da ich solche Speisen wirklich als gesundheitsbelastend ansehe, vermeide ich sie in meiner Küche. Ich versuche beim Braten immer, niedrige Temperaturen einzuhalten und das Öl nicht zu lange zu erhitzen.

Wenn Sie also gesundes, schmackhaftes italienisches Essen zubereiten wollen, suchen Sie ein gutes Olivenöl in italienischen oder Balkan-Läden. In den Bioläden gibt es ein gutes griechisches Olivenöl aus Kalamata, das sogar von biologisch angebauten Oliven stammt. Beim Italiener oder Griechen gibt es eine ganze Palette von Ölen – lassen Sie sich von einem Fachmann beraten!

Essig

In der italienischen Küche wird sehr viel Essig verwendet, nicht nur für Salate, sondern auch sehr oft als letzte Würze für Fleisch, Fisch und Gemüsegerichte. Deshalb wird großer Wert darauf gelegt, daß der Essig von bester Qualität ist. Auch wenn guter Essig etwas teurer ist, er wird nur eßlöffelweise verwendet und fällt daher preislich nicht sehr ins Gewicht. Ein guter oder schlechter Essig kann die Qualität eines Gerichtes bestimmen. Gute Köche stellen deswegen oft ihren eigenen Essig her, um die Qualität seiner Zutaten auch kontrollieren zu können.

In Italien werden fast ausschließlich Rotwein-, Weißwein- und Balsamico-Essig verwendet. Rotwein- und Weißweinessig sind bei uns länger bekannt; Balsamico dagegen ist erst seit einigen Jahren bei uns erhältlich. Er wird aus dem Saft von besonders zuckerhaltigen Trauben gewonnen und mehrere Jahre vergoren zu einem süß-säuerlichen, dunkelbraunen Essig, der unter dem Namen »Balsamico di Modena« verkauft wird. Die Bezeichnung »di Modena« (von der Stadt Modena, in Norditalien) darf nur

Balsamico-Essig

Olivenöl

Fontina

Pecorino
Toscano

Pecorino

Weißwein-
essig

Rotwein-
essig

Sonnen-
getrocknete
Tomaten

Caprino
di Siena

Mozzarella

Pecorino
nobile

Parmesan

Gorgonzola

Pecorino
Romano

Geräucherter
Scamorza

Scamorza
naturale

Paglietta

Mascarpone

Provolone

Provolone
picante

auf dem Etikett erscheinen, wenn der Essig dort mindestens 2 Jahre lang in Holzfässern gereift ist. Balsamico wird seit Hunderten von Jahren in Modena hergestellt, und ältere Essige – vier Jahre, 10 Jahre, sogar 20 und 100 Jahre – werden zu immer höheren Preisen angeboten. Die besonders alten werden als Kostbarkeiten gehandelt und werden nur tropfenweise, als Heilmittel, verwendet. In meiner Küche ziehe ich den 4jährigen Balsamico vor, weil er für mich genau die richtige Balance zwischen süß und sauer hat.

Wenn Sie guten Salat schätzen und einem guten Essen eine kostbare Nuance verleihen möchten, sollten Sie die besten Essigsorten suchen, die Sie finden können!

Kräuter und Gewürze

Die Italiener, die in einem wahrhaftigen Kräuterparadies leben, verwenden ihre Kräuter fast alle frisch. Wenn Sie die Chance haben zu vergleichen, werden Sie sofort merken, daß frischer Rosmarin, Basilikum und Salbei einen ganz anderen Geschmack haben als ihre getrockneten Namensvettern. Wenn Sie überhaupt können, versuchen Sie, zumindest diese drei Kräuter frisch zu verwenden. Oregano, Lorbeer, Estragon, Thymian und Majoran dagegen schmecken fast genauso gut, wenn nicht besser und intensiver, in getrocknetem Zustand (auch Steinpilze schmecken viel voller und intensiver, wenn sie getrocknet sind).

Fenchelkörner werden gern und häufig gebraucht, und frische Fenchelblätter werden verwendet wie bei uns Dillspitzen (Dill ist fast völlig unbekannt).

Koriander, Cumin (»Türkenkümmel« oder Kreuzkümmel) und Safran, die von der Nähe des Orients zeugen, erscheinen häufiger in süditalienischen Küchen.

PETERSILIE

Sie hat eine besondere Stellung in der italienischen Küche. Sie wird fast überall eingesetzt – als Gewürz und als Gemüse. Die krause Petersilie, die bei uns bekannt und zum Garnieren beliebt ist, wird in Italien nicht verwendet, sondern die würzigere und intensiver duftende *Blattpetersilie*.

Käse

Die markantesten und zum Teil unbekannten Zutaten in meinen Rezepten sind die italienischen Käse-Spezialitäten, die zum Teil nur in italienischen Läden oder in den Feinkostabteilungen mancher großer Warenhäuser zu finden sind. Die Suche lohnt sich: Die Italiener haben wunderbare Käse, und wie Sie in meinen Rezepten lesen können, kommen sie in vielen Gerichten zur Geltung. Hier, die wichtigsten Sorten.

PARMESAN

Der wichtigste Käse in Italien ist ohne Frage der Parmesan. Der beste und eigentlich einzig wahre Parmesan ist *parmigiano reggiano* (aus einer festgelegten Region, nämlich der Emilia-Romagna). Der Käse wird nach sehr strengen Regeln hergestellt, er besteht ausschließlich aus Milch und Labferment und darf überhaupt keine weiteren Zutaten enthalten. Jedes Käserad muß mindestens 18 Monate reifen und unterliegt dabei ständigen Kontrollen. Andere Käse, die unter dem Namen »Parmesan« angeboten werden, werden nicht in dieser Weise kontrolliert.

Parmesan am Stück hält sich, wenn er, in ein Leinentuch eingepackt und in einen Plastikbeutel gegeben, im Kühlschrank gelagert wird, mehrere Wochen lang frisch. Auch wenn er etwas austrocknet, kann er gerieben werden und behält seinen Duft und Geschmack.

Einen Ersatz für Parmesan gibt es eigentlich nicht, aber alter Holländer kommt dem Parmesan am nächsten.

PECORINO

Dieser harte Käse wird aus Schafmilch hergestellt und schmeckt ähnlich wie Parmesan, aber schärfer und würziger. Pecorino wird in Süditalien dem Parmesan vorgezogen. Der traditionelle Pecorino kommt aus Sardinien. Delikate Variationen werden in Umbrien und der Toskana hergestellt, und der *Pecorino Romano*, eine nördliche Variante mit etwas derberem Geschmack, ist auch weit verbreitet.

MOZZARELLA

Dieser etwas gummihafte Weichkäse wird aus Kuh- oder Büffelmilch gewonnen und zu Kugeln geformt. Er ist bekannt als Pizza-Käse, weil er so herrlich schmilzt und bräunt. Er wird frisch verkauft, in Wasser eingelegt, und ist in den meisten deutschen Supermärkten, in Plastikbeuteln verpackt, erhältlich. Büffelmilch-Mozzarella schmeckt würziger, ist aber schwer zu finden.

Geräucherter Mozzarella ist fest, hat eine bräunliche Haut und wird meistens roh gegessen oder in kleinen Mengen als Gewürz in einem gekochten Gericht verwendet.

RICOTTA

Dieser Frischkäse zählt zu den »Hauptkäsen« der italienischen Küche. Ein bröselig bis cremiger Käse, der nur sehr frisch gegessen wird und eine Konsistenz hat wie ein schnittfester Quark. Er kann auch durch Quark ersetzt werden, wenn der Quark über Nacht in einem Tuch zum Abtropfen aufgehängt wird.

Gesalzener Ricotta (Ricotta salata) ist eingelegt und schmeckt wie ein milder Feta (griechischer Schafkäse). Wenn Sie Feta in Wasser einlegen, um ihn zu entsalzen, kann er Ricotta salata ersetzen.

FONTINA

Ein würziger, halbweicher Käse aus dem Piemont, im Geschmack ähnlich wie ein Greyezer oder Appenzeller. Er wird sehr oft zum Überbacken oder für Fondue verwendet.

PROVOLONE

Junger Provolone ist ein sehr milder, schnittfester Käse, der gut schmilzt und oft auf Pizza gebacken wird. Eine noch mildere Form ist der *Cacietto*, ein junger Provolone, der in Kugeln oder Rollen, in Wachs verpackt, angeboten wird.

SCAMORZA

Ein dem Provolone ähnlicher Käse aus Schafmilch. Er wird zu Birnen geformt und oft geräuchert. An Kordeln aufgehängt, baumelt er in italienischen Läden an der Wand. Sein Name bedeutet »der Gehenkte«. Scamorza hat einen wunderbar buttrigen Geschmack und entwickelt seine Vorteile besonders wenn er geschmolzen wird.

GORGONZOLA

Ähnlich dem Bavaria blu ist Gorgonzola ein weicher Blauschimmelkäse, der in Italien in mehreren Geschmacksrichtungen (von pikant bis sahnig-mild) angeboten wird. Er kann auch durch Bavaria blu ersetzt werden.

MASCARPONE

Dieser cremig-weiche, sehr fetthaltige Frischkäse wird in kleine Töpfe (250 g und 500 g) abgefüllt und verkauft. Er schmeckt etwa wie eine dicke saure Sahne mit leicht nussigem Geschmack. Mascarpone kann – aber nur im Notfall – durch Crème fraîche ersetzt werden.

Tomaten

Wie bei Olivenöl und Essig sind die teuersten meistens die besten. Rote, reife, aromatische Tomaten sind eine wichtige Voraussetzung für viele Rezepte. Wenn Sie im Winter nur blasse, geschmacklose Tomaten finden, nehmen Sie lieber gute Dosentomaten. Die Vitamine darin sind zwar stark reduziert, aber der Geschmack bleibt größenteils gut erhalten.

SONNENGETROCKNETE TOMATEN

Sie können in manchen Rezepten ein guter Ersatz für frische Tomaten sein. Diese dunkelroten, flachen, trockenen Tomaten sind aus einer besonderen Tomatensorte hergestellt, die im Herbst in Italien angeboten wird. Die Früchte haben wenig Saft und etwas mehr Säure als die normalen Tomaten. Sie werden zum Trocknen in der Sonne aufgehängt und anschließend in Salz oder Öl eingelegt. Ihr Geschmack ist leicht säuerlich und erinnert ein bißchen an Oliven. Sonnengetrocknete Tomaten sind in den meisten italienischen Läden im Glas erhältlich.

VORSPEISEN ANTIPASTI

Es fällt mir schwer, die wunderbaren Antipasti in diesem Kapitel nur als kleine »Vorspeisen« zu beschreiben. Wie auch in der orientalischen Küche sind die Vorspeisen in Italien von einer Vielfalt und Delikatesse, wie wir sie in Nordeuropa nicht kennen. Sie können als Appetithappen zu einem Aperitif oder Cocktail vor dem eigentlichen Essen angeboten werden; sie können als Teil einer Salatplatte mit Rohkost gereicht werden; sie können als Beilage zum warmen Hauptgericht serviert werden – und sie können, wie ich es fast am liebsten hätte, das ganze restliche Essen ersetzen. Für mich ist ein schöner Vorspeisenteller mit ein paar Scheiben Vollkornbrot oder Vollkorn-Crostini (geröstetes Brot) ein komplettes Essen, egal ob zu Mittag oder als Abendbrot. Besonders im Sommer liebe ich es, eine große Platte voll Antipasti mit einem Salat und vielleicht etwas Käse auf den Tisch zu stellen und die Familie, Freunde und Gäste dazu einzuladen. Die Antipasti sind alle im voraus zubereitet, und ich muß mich um keine weiteren Gänge kümmern!

Natürlich sind diese kleinen Imbisse auch ideal für Partys. Ich habe sie daher in zwei Gruppen geteilt: die ersten können aus der Hand gegessen werden mit nur einer Serviette als »Geschirr«; für die zweiten brauchen Sie Teller und Gabel (aber zum großen Teil keinen Tischplatz). Diese Antipasti sind, mit wenigen Ausnahmen, sehr schnell und einfach zuzubereiten und können mehrere Stunden stehen, ohne unansehnlich zu werden.

CROSTINI
Geröstete Brotscheiben

Foto Seite 14

Eine wunderbare Vorspeise oder ein kleiner Happen zum Wein oder Aperitif vor dem Essen sind Crostini: kleine, aus geröstetem Brot hergestellte Canapés. Sie sind fast unbegrenzt in ihren Variationen. Die einfachsten werden nur mit Olivenöl – meistens noch mit etwas ausgedrücktem Knoblauch – beträufelt oder mit frischem Tomatenfleisch bestrichen, die luxuriösten mit Trüffelcreme belegt. Hier folgen einige Vorschläge für schöne Crostini, die zum Verzehr vor dem oder während des Essens bestimmt sind.

EINFACHE CROSTINI

Für ca. 20 Scheiben
1 Vollkorn-Baguette, ca. 500 g
6–8 EL Olivenöl
1 Knoblauchzehe, ausgepreßt
grobes Salz
schwarzer Pfeffer
Oregano
geriebener Parmesan

Das Brot in dünne Scheiben schneiden, auf einem Backblech ausbreiten und bei 200 °C etwa 5 Minuten im Ofen rösten. Öl und Knoblauch mischen, das warme Brot damit beträufeln und sofort servieren. Oder mit Salz, Pfeffer, Oregano und Käse besprenkeln und noch 1 Minute im Ofen erwärmen, bis der Käse schmilzt.

CROSTINI MIT PILZEN UND FONTINA-KÄSE

4 Cremechampignons, in dicke Scheiben geschnitten
1 Schalotte, fein gehackt
2 EL Olivenöl
1 Knoblauchzehe, zerdrückt
8 frische Salbeiblätter
8 Scheiben Crostini, geröstet (siehe links)
200 g Fontina-Käse, in dünne Scheiben geschnitten

Champignons und Schalotte in dem Öl dünsten, bis sie weich sind, das dauert ca. 5 Minuten. Den Knoblauch einrühren, die Salbeiblätter fein hacken und dazugeben. Die Mischung auf die Brotscheiben verteilen, mit Käsescheiben belegen und im Ofen nochmals überbacken, bis der Käse schmilzt.

CROSTINI MIT OLIVENKAVIAR

125 g schwarze, getrocknete Oliven
½ TL Oregano
1 TL Olivenöl
1 Prise Cayennepfeffer
einige Tropfen Zitronensaft
2 EL feingehackte Blattpetersilie
½ Knoblauchzehe, zerdrückt
1 Prise Thymian
8 Scheiben Crostini, geröstet (siehe links)
1 hartgekochtes Ei zum Verzieren

Die Oliven entsteinen, das Fleisch fein hacken, mit den restlichen Zutaten abschmecken (wenn Sie ein milderes »Kaviar« wünschen, verwenden Sie teilweise oder ersatzweise spanische Oliven). Auf die Crostini streichen und mit etwas feingehacktem Ei verzieren.

CROSTINI MIT SCHAFKÄSE

125 g Schafkäse
4 EL saure Sahne
½ Knoblauchzehe
Salz
schwarzer Pfeffer
6–8 Scheiben Crostini, geröstet (siehe links)

Käse und Sahne cremig rühren. Den Knoblauch zerdrücken und mit Salz und Pfeffer zur Käsecreme geben, abschmecken. Auf die Crostini streichen.

CROSTINI MIT GORGONZOLA UND PINIENKERNEN

125 g cremiger Gorgonzola
4 EL Butter
2 EL Pinienkerne
2 EL feingehackte Blattpetersilie
Salz
schwarzer Pfeffer
½ Knoblauchzehe, wenn erwünscht
6–8 Scheiben Crostini, geröstet (siehe links)
ganze Pinienkerne zum Verzieren

Den Gorgonzola mit der Butter cremig rühren. Die Pinienkerne in einer trockenen Bratpfanne vorsichtig rösten, bis sie leicht gebräunt sind, fein hacken und in die Käsemischung rühren. Petersilie, Salz, Pfeffer und evtl. den zerdrückten Knoblauch dazugeben. Auf die Crostini streichen und mit ganzen Pinienkernen verzieren.

CROSTINI MIT KAPERNBUTTER

6 EL Butter
2 EL gehackte Blattpetersilie
2 EL feingehacktes frisches Basilikum
4 EL Kapern, fein gehackt
2 EL feingehackte Zwiebel
Salz, Pfeffer
12–16 Scheiben Crostini, geröstet (siehe Seite 16)

Alle Zutaten mischen und auf die Crostini streichen.

CROSTINI MIT GETROCKNETEN TOMATEN UND MOZZARELLA

1 Glas sonnengetrocknete Tomaten in Öl (siehe Seite 13)
1 Schalotte
8 EL süße Sahne
200 g (1 Kugel) Mozzarella
8 Scheiben Crostini, wie oben geröstet
Pfeffer
1 Bund frisches Basilikum

4 EL von den Tomaten grob hacken. Die Schalotte fein hacken und in 2 EL von dem Öl, in dem die Tomaten eingelegt sind, weich dünsten. Die gehackten Tomaten dazugeben und 3–4 Minuten sanft dünsten. Die Sahne aufgießen und langsam einkochen. Den Käse in 8 Scheiben schneiden. Die Crostini mit je 1 Scheibe Käse belegen, die Tomatenmischung darauf verteilen, mit Pfeffer bestreuen und die Scheiben nochmals kurz in den Ofen geben, bis der Käse anfängt zu schmelzen. Mit Basilikumblättern belegen und sofort heiß servieren.

CROSTINI MIT NUSSCREME

250 g Nüsse, am besten Walnüsse und Pinienkerne, aber auch Haselnüsse und geröstete Kastanien sind dafür geeignet
1 TL Balsamico-Essig
1 Knoblauchzehe, zerdrückt
kalte Butter
ca. 20 Scheiben Crostini, geröstet (siehe Seite 16)

Die Nüsse in einer trockenen Pfanne kurz rösten, um den Duft zu intensivieren. Anschließend sehr fein hacken (nicht reiben oder stampfen, die Konsistenz muß körnig bleiben), mit Balsamico-Essig besprenkeln und abkühlen lassen. Mit Knoblauch und so viel kalter Butter verrühren, daß eine streichfähige Masse entsteht. Auf die Crostini streichen.

CROSTINI MIT MÖHRENCREME

150 g Möhren
1 hartgekochtes Ei
½ Knoblauchzehe, zerdrückt
2–3 EL Robiolo-Käse (italienischer Weichkäse, Gervais als Ersatz)
Salz, Pfeffer, Senf
½ TL Fenchelkörner
8 Scheiben Crostini, geröstet (siehe Seite 16)

Die Möhren fein reiben, das Eiweiß fein hacken und dazumischen. Eigelb, Knoblauch, Robiolo, Salz, Pfeffer und Senf zu einer Creme verrühren, die Möhren langsam einarbeiten. Die Fenchelkörner in einer trockenen Bratpfanne leicht bräunen, zerstoßen. Die Möhrencreme auf die Crostini streichen, mit Fenchel bestreuen.

MUNDBISSEN

KÄSEKROKETTEN
Crocchette di formaggio

Leicht, würzig und knusprig, Crocchette sind klassische Häppchen, die zum Wein gegessen werden. Sie können aber auch als Hauptspeise – vielleicht mit einer pikanten Tomatensoße – angeboten werden.

Für 12–15 Kroketten
200 g Vollkorn-Semmelbrösel
75 g Parmesan oder Pecorino, fein gerieben
4 Eier
4 EL gehackte Blattpetersilie
1 kleine Zwiebel, gehackt
geriebene Muskatnuß
Salz, schwarzer Pfeffer
wenn nötig, etwas Milch
Olivenöl zum Ausbacken

Alle Zutaten außer Milch vermischen (Milch nur, wenn nötig, dazugeben, um einen steifen, formbaren Teig zu bekommen). Mit nassen Händen eßlöffelweise zu Bällchen oder länglichen Kroketten formen. Eine Probekrokette ausbacken, abschmecken. Der Käse hat unterschiedlichen Salzgehalt und kann erst in gebackenem Zustand geprüft werden! In Olivenöl ausbacken. Warm oder bei Zimmertemperatur servieren.

GEFÜLLTE KIRSCHTOMATEN Foto

2–3 Kirschtomaten pro Person

Die rechts beschriebene Parmesancreme kann man auch verwenden, um kleine Kirsch- oder »Cocktail«-Tomaten zu füllen. Die Tomaten werden am Stielende mit einem scharfen Messer aufgeschnitten, die Kerne mit einem kleinen Messer ausgekratzt. Die Tomaten mit der Öffnung nach unten zum Austropfen auf einen Teller legen. Die Creme in einen Spritzbeutel füllen, in die Höhlung einfüllen, mit einem Basilikum- oder Salbeiblatt verzieren.

TOMATEN, MIT EIERN, SARDELLEN UND KAPERN GEFÜLLT

4–6 kleine, reife Tomaten
2 hartgekochte Eier
8 Sardellenfilets (in Olivenöl konserviert)
2–3 TL Kapern
evtl. etwas Sahnefrischkäse

Die Tomaten, wie oben beschrieben, aushöhlen. Eier, Sardellenfilets und Kapern mischen und sehr fein hacken oder pürieren, abschmecken. Mit etwas Sahnefrischkäse verlängern, wenn Ihnen der Geschmack zu streng ist. Mit einem Spritzbeutel in die Tomaten füllen.

CAPRA UND SONNENGETROCKNETE TOMATEN IN BLÄTTERTEIG

Foto

Für 20 kleine Teigtaschen
125 g Capra (italienischer
Ziegenkäse)
8–10 sonnengetrocknete
Tomaten (siehe Seite 13)
½ TL Oregano
1 Prise Thymian
1 Paket TK-Vollkorn-Blätterteig

Capra und Tomaten klein würfeln und mit den Kräutern mischen. Den Blätterteig nach Packungsanweisung auftauen, ausrollen, in ca. 20 Rechtecke schneiden und auf jedes Rechteck 1 EL Käsemischung setzen. Den Blätterteig übereck zusammenklappen, die Ränder zusammendrücken, auf ein kalt abgespültes Backblech legen und bei 200 °C goldgelb ausbacken. Warm oder bei Zimmertemperatur servieren.

WALNÜSSE MIT PARMESANCREME

Foto

50 g junger Parmesan,
frisch gerieben
1–2 EL weiche Butter
1 EL feingehackter, frischer Salbei
Basilikum oder Petersilie
20 Walnußhälften

Käse und Butter zu einer Creme zusammenrühren, die Kräuter einarbeiten. Auf jede Walnußhälfte etwas von der Creme geben und leicht andrücken. Die Hälften auf einen Teller geben und kurz in den Kühlschrank stellen, bis die Butter wieder fest wird.
Zum Wein reichen oder auf einem Vorspeisenteller anrichten.

ZUCCHINIKROKETTEN

Das ideale Rezept, wenn die Zucchinipflanzen im Sommer »explodieren«! Knusprig und saftig: Diese Kroketten können kalt oder warm gegessen werden, sie sind sehr zart. Weil Zucchini einen sehr unterschiedlichen Wassergehalt haben, brauchen sie unterschiedliche Mengen an Mehl zum Abbinden. Je weniger Mehl man verwendet, um so leichter und schmackhafter werden die Kroketten. Den Teig dafür deshalb so kurz im voraus wie möglich mischen und schnell ausbacken. Sie werden etwas fester, wenn sie abkühlen.

Für 12–15 Kroketten
3 mittelgroße Zucchini
(ca. 600–700 g)
2 Eier
100 g geriebener Käse (am besten Parmesan und Gouda, 50:50 gemischt)
100–200 g Weizenvollkornmehl
2 TL Oregano
2–3 EL sehr fein gehackte Blattpetersilie
½ TL Pfeffer
2 TL Kräutersalz
100–200 g Paniermehl
Olivenöl zum Ausbacken

Die Zucchini auf einer Lochreibe grob hobeln. Eier, Käse, Mehl, Oregano, Petersilie und Pfeffer gründlich untermischen (in diesem Zustand kann der Teig länger kalt stehen, muß aber danach mit etwas mehr Mehl gemischt werden). Kurz vor dem Braten zunächst nur ¼ der Teigmenge in eine zweite Schüssel geben und mit ½ TL Kräutersalz mischen. Das Olivenöl in einer großen Pfanne erhitzen. Den gesalzenen Teig zu etwa eiergroßen Frikadellen formen, in Paniermehl wälzen und in dem heißen Öl ausbakken. Weiteren Teig nur nach und nach auf diese Art mit dem Salz mischen, sonst zieht er Wasser und muß mit viel Mehl abgebunden werden, und die Kroketten werden zu schwer.

HINWEIS

Eine gute Soße zu den kalten Kroketten ist Paprika-Soße (Seite 85). Zu warmen Kroketten paßt eine gute Tomatensoße (Seite 85).

AUBERGINENKROKETTEN

Für ca. 12 Kroketten
500 g Auberginen
200 g Zwiebeln
100 g schwarze Oliven, entsteint und grob gehackt
2 große Eier
50 g Parmesan, frisch gerieben
ca. 100 g Semmelbrösel
1 TL Basilikum
1 TL Oregano
2 EL feingehackte Blattpetersilie
½ TL geriebene Muskatnuß
2 TL Kräutersalz
schwarzer Pfeffer aus der Mühle
Cayennepfeffer
wenn nötig, Mehl zum Binden
4–5 EL Olivenöl zum Ausbacken

Die Auberginen ganz und ungeschält auf dem Backblech im Ofen in ca. 30 Minuten weich backen. Abkühlen lassen, halbieren, das Fruchtfleisch mit einem Löffel auskratzen und grob hacken. Mit den restlichen Zutaten außer Öl zu einem formbaren Teig mischen und pikant abschmecken. Kleine Plinsen oder Kroketten formen, in dem heißen Öl ausbacken.

VORSPEISEN VOM TELLER

GEGRILLTE PAPRIKASCHOTEN

4 große, rote Paprikaschoten
Olivenöl
Salz, Pfeffer
Oregano
2 Knoblauchzehen
Balsamico-Essig

Wenn Sie einen Gasherd haben, die Paprikaschoten auf eine Gabel spießen und in der Flamme ringsum schwarz ansengen, bis die Haut Blasen wirft. In eine Plastiktüte geben und abkühlen lassen, dann die Haut mit einem scharfen Messer abziehen. Die Schoten halbieren, entkernen und in fingerdicke Streifen schneiden.
Wenn Sie einen Elektroherd haben, die Schoten längs halbieren, entkernen, mit der Haut nach oben auf ein Backblech legen und flach drücken. Bei Oberhitze ca. 15 Minuten bakken, bis die Haut Blasen wirft und angesengt ist. Mit einem Tuch bedecken und abkühlen lassen, anschließend die Haut abziehen und die Schoten wie oben in Streifen schneiden.
Olivenöl, Salz, Pfeffer und Oregano zu einer Marinade verrühren. Knoblauch in feine Stifte schneiden und mit den Paprikastreifen in der Marinade einige Stunden oder über Nacht durchziehen lassen. Kurz vor dem Servieren abtropfen lassen, auf eine Servierplatte legen und mit Balsamico-Essig besprenkeln.

ZUCCHINI IN JOGHURT

3–4 kleine Zucchini, in Scheiben geschnitten
6 EL Olivenöl
1 Knoblauchzehe
Kräutersalz
200 ml Joghurt
3 EL gehackte Petersilie
3 EL Zitronensaft oder Balsamico-Essig

Die Zucchini in Scheiben schneiden und in dem heißen Öl goldgelb ausbacken. Knoblauch dazupressen, mit Kräutersalz besprenkeln und vom Herd nehmen. Joghurt und Petersilie mischen. Zucchinischeiben und Joghurt in eine Schüssel schichten und mit Essig oder Zitronensaft beträufeln, kalt stellen. Mit Crostini (Seite 16) servieren.

ZUCCHINI IN KNOBLAUCH UND MINZE

4 kleine Zucchini
1 Knoblauchzehe
1 Bund frische Speerminze (italienische und türkische Spezialität)
¼ l einfaches Öl
2–3 EL Olivenöl
2–3 EL Balsamico-Essig
1 kleiner Kopf Radicchio

Die Zucchini der Länge nach in feine Scheiben schneiden, ½ Stunde auf Küchenkrepp liegen lassen. Knoblauch fein hacken, Speerminzblätter quer in Streifen schneiden. Das Öl erhitzen. Die Zucchinischeiben trockentupfen und in dem Öl goldgelb ausbacken, auf Küchenkrepp abtropfen lassen. Die Zucchinischeiben jeweils mit Knoblauch, Minze, Olivenöl und Balsamico-Essig in eine Schüssel schichten und einige Stunden oder über Nacht ziehen lassen.

Salatteller mit Radicchioblättern auslegen. Zucchinischeiben zu Rollen formen, mit Zahnstochern befestigen und auf die Radicchioblätter legen, mit der Marinade beträufeln. Mit einfachen Crostini (Seite 16) servieren.

GEGRILLTER SCAMORZA-KÄSE MIT TOMATEN

2 mittelgroße Tomaten, vollreif und rot, ca. 250 g
1 TL Oregano
6 EL Olivenöl
Salz, schwarzer Pfeffer
500 g geräucherter Scamorza-Käse oder ein anderer mildgeräucherter Käse wie Provolone, Mozzarella (siehe Seite 13)

Die Tomaten häuten, halbieren, Kerne ausdrücken und das Fleisch fein würfeln. Mit Oregano und Öl mischen, mit wenig Salz und viel Pfeffer würzen und mindestens 1 Stunde ziehen lassen. Den Käse in ½ cm dicke Scheiben schneiden, schuppenartig auf einen feuerfesten Teller legen und unterm Grill kurz überbacken, bis der Käse zu bräunen anfängt. Die Tomatenmischung auf den heißen Käse löffeln und sofort heiß servieren. Crostini (Seite 16) dazu reichen.

HARTGEKOCHTE EIER MIT MINZE IN ZITRONENMAYONNAISE

Für 6 Personen
6 Eier, 1 kleines Bündel frische Minze (ersatzweise Zitronenmelisse)

Zitronenmayonnaise

4 EL Joghurt
3 EL Mayonnaise
1 unbehandelte Zitrone
1 TL scharfer Senf
Kräutersalz
Pfeffer
1 Knoblauchzehe

Die Eier wie auf Seite 22 »kochen« und schälen. Die Minze fein hacken, einige Blätter zum Verzieren zurückhalten.
Joghurt, Mayonnaise und die gehackten Minzeblätter verrühren. Die Zitrone halbieren, von einer Hälfte die Schale dünn in Streifen abschälen und in ganz feine Stifte schneiden, von der anderen die Schale abreiben. Die abgeriebene Haut in die Mayonnaise rühren, mit Senf, Salz und Pfeffer würzen, den Knoblauch dazupressen, abschmecken.
Die Eier halbieren, das Gelb herausnehmen, die Eiweißhälften auf einen Teller legen. Die Eigelbe mit einer Gabel zerdrücken, mit der Mayonnaise verrühren, abschmecken. Die Mayonnaise mit einem Löffel oder Spritzbeutel in die Eiweißhälften füllen. Mit den Zitronenstiften bestreuen, mit Minzeblättern verzieren und kalt servieren.

HARTGEKOCHTE EIER IN ROTER SOSSE

Foto

Für 6 Personen
6 Eier

Rote Soße

1 rote Paprikaschote
200 g reife Tomaten
1 mittelgroße Zwiebel
2 EL Olivenöl
1 Bund frisches Basilikum
Kräutersalz
schwarzer Pfeffer
Paprikapulver

Um die Eier perfekt zu kochen: in kaltem Wasser aufsetzen, gerade zum Sieden bringen, zudecken und von der Kochstelle wegnehmen, 20 Minuten stehen lassen. Aus dem Topf nehmen, das runde Ende aufschlagen und das Ei auf der Arbeitsfläche rollen, bis die Schale überall gerissen ist. Sofort in kaltes Wasser legen und 5 Minuten abkühlen lassen. Unter Wasser schälen. Beiseite stellen.

Für die Soße zunächst die Paprikaschote halbieren, Kerne und Fasern entfernen, mit der Haut nach oben unter den Grill geben und rösten, bis die Haut schwarz wird und Blasen wirft.

Mit einem Küchentuch bedecken und abkühlen lassen, anschließend die Haut mit einem scharfen Messer abziehen. Die Tomaten kurz mit kochendem Wasser überbrühen und die Haut abziehen, quer halbieren, die Kerne herauspressen.

Die Zwiebel fein hacken, in dem heißen Olivenöl dünsten, bis die Würfelchen glasig sind. Die Tomaten hacken und dazugeben, 10 Minuten köcheln. Das Paprikafleisch dazugeben und kurz mit durchschmoren. Anschließend das Ganze pürieren oder durch ein Sieb strei-

chen. Mit Salz, Pfeffer und Paprika pikant abschmekken. Das Basilikum in feine Streifen schneiden und einrühren. Die Soße in eine flache Form gießen, die Eier halbieren und mit dem Eigelb nach oben daraufsetzen. Auf jedes Ei 1 Löffel Soße geben und kurz im Ofen erwärmen. Mit Basilikumblättern verzieren. Lauwarm mit Crostini (Seite 16) servieren.

PILZE IN TOMATE UND MINZE

Foto

500 g feste Cremechampignons
6 EL Olivenöl
2 Knoblauchzehen, fein gehackt
1 große Tomate
2 EL Balsamico-Essig
2 EL feingehackte frische
Minzeblätter, Cayennepfeffer
Salz, schwarzer Pfeffer
1 unbehandelte Zitrone

Die Champignons mit einem feuchten Tuch abwischen, die Stielenden abschneiden, die Pilze in dünne Scheiben schneiden. Das Öl erhitzen und die Champignons ca. 5 Minuten darin braten. Knoblauch dazugeben und kurz mitbraten. Die Tomate, wenn möglich, unterm Grill ringsum braun rösten, häuten, halbieren, die Kerne ausdrücken, das Fleisch hacken und zu den Pilzen geben, kurz mitkochen. Vom Herd nehmen und die restlichen Zutaten außer Zitrone dazugeben, abschmecken. Die Zitrone fein schälen, die Schale in feine Streifen schneiden und zu den Pilzen geben. Kalt stellen. Wenn die Mischung abgekühlt ist, nochmals abschmecken und mit Zitronensaft beträufeln.

SALAT AUS BORLOTTIBOHNEN

Borlotti sind die braungesprenkelten Bohnen, die auch »Wachtelbohnen« genannt werden. Sie werden über Nacht in kaltem Wasser eingeweicht und in frischem Wasser sanft gekocht, bis sie weich sind, aber nicht zerfallen. Die Bohnen abtropfen lassen, abkühlen.

Auf 250–300 g gekochte Borlotti
(ca. 100 g trockene Bohnen):
1 kleine, rote Zwiebel, fein
gehackt
1 Bund Blattpetersilie, fein
gehackt
4 EL Balsamico-Essig
6 EL Olivenöl
1 Knoblauchzehe, zerdrückt
Saft von 1 Zitrone
Kräutersalz, schwarzer Pfeffer

Die Bohnen in eine Schüssel geben. Alle anderen Zutaten miteinander verrühren und mit den Bohnen zu einem Salat mischen. Gut durchziehen lassen.
Wenn erwünscht, mit 1–2 Tomaten, gehäutet, entkernt und gehackt, und 1 hartgekochten Ei, gehackt, verzieren.

AUBERGINEN IN JOGHURT

Dieses Rezept existiert in ähnlicher Form in den Küchen Indiens und Arabiens. Es schmeckt überall fantastisch!

Für 4–6 Personen
500 g Auberginen
Salz
100 g Weizenvollkornmehl
3 EL Kurkuma
Olivenöl zum Braten
500 g einfacher Joghurt
1 gehäufter TL Oregano
1 Knoblauchzehe
2 TL Kräutersalz
3 EL feingehackte Blattpetersilie

Die Auberginen ungeschält der Länge nach in 1 cm dicke Scheiben schneiden, jede Scheibe mit viel Salz einreiben und ½ Stunde in einem Sieb »weinen« lassen. Die Scheiben abspülen, in einem Küchentuch leicht ausdrücken. Mehl und Kurkuma mischen und die Scheiben darin wenden. Das Olivenöl in einer großen Pfanne erhitzen und die Scheiben beidseitig goldenbraun ausbakken, auf Küchenkrepp abtropfen.
Den Joghurt mit Oregano, Knoblauch, Kräutersalz und Petersilie mischen, Auberginenscheiben und Joghurt in eine Servierschüssel abwechselnd einschichten, mit einigen Petersilieblättern verzieren und 1 Stunde, am besten aber über Nacht ziehen lassen. Bei Zimmertemperatur mit Crostini (Seite 16) oder Brot als Vorspeise servieren oder als kalte Beilage zu einem Risotto (Seite 88).

AUBERGINENSALAT

1 kg Auberginen
1 große Fleischtomate
1 Bund Schnittlauch
1 Knoblauchzehe
Salz, Pfeffer
1 Prise Cumin (Kreuzkümmel)
Oregano
2 EL gehackte Petersilie
50 g grüne, gefüllte Oliven
1 EL Pinienkerne
1 Zitrone

Die Auberginen waschen und ungeschält auf ein Backblech legen, ca. 30 Minuten bei 180 °C backen, bis sie weich sind, aber noch nicht völlig zusammenfallen. Abkühlen lassen, halbieren, das Fruchtfleisch auskratzen und grob hacken. Tomate, Schnittlauch und Knoblauch hacken und mit den Gewürzen abschmecken. Die Oliven halbieren oder grob hacken und einrühren. Die Pinienkerne kurz in einer trockenen Pfanne bräunen und dazugeben. Alles 1 Stunde durchziehen lassen, nochmals umrühren und abschmecken. Auf Salatblättern oder in Salatblätter eingerollt als Vorspeise servieren. Besonders schön dafür sehen Radicchioblätter aus. Zitronenschnitze dazu reichen.

SÜSS-SAURE AUBERGINEN
Caponata

500 g Auberginen, Salz
1 große Zwiebel
¼ l Olivenöl
200 g Möhren
5–6 Stiele Bleichsellerie
1 Knoblauchzehe
1–2 EL Tomatenmark
1 kleine Dose geschälte Tomaten
6 EL Balsamico-Essig
2 EL Kapern
100 g grüne, gefüllte Oliven
schwarzer Pfeffer
Cayennepfeffer
Kräutersalz

Die Auberginen ungeschält in 3 cm große Würfel schneiden, mit Salz bestreuen und in einem Sieb ca. 1 Stunde »weinen« lassen. Die Zwiebel schälen und grob hacken. In einer großen Pfanne einige EL Öl erhitzen und die Zwiebel darin anbraten, bei milder Hitze schmoren lassen. Möhren und Sellerie in 1 cm dicke Scheiben schneiden und dazugeben. Die Auberginenstückchen abspülen, in einem Tuch trocknen und leicht ausdrücken, ebenfalls dazugeben. Etwas mehr Öl einrühren und das Gemüse langsam weich schmoren. Den Knoblauch durch eine Presse hineingeben, Tomatenmark einrühren und 5 Minuten mitschmoren. Mit Tomaten auffüllen, zerdrücken und einkochen. Wenn das Gemüse recht trocken geworden ist, vom Herd nehmen und die restlichen Zutaten dazugeben. Abkühlen lassen, abschmecken. Kalt oder bei Zimmertemperatur servieren mit gerösteten Brotscheiben (Crostini, Seite 16).
Die Caponata schmeckt am besten, wenn sie über Nacht ziehen kann.

PILZE MIT JUNGEM PECORINO

Alter Pecorino ist ein scharfer, salziger Käse, etwa wie ein Parmesan. Aber junger Pecorino ist mild-würzig und weich, etwa wie ein mittelalter Gouda. Es gibt auch jungen Pecorino mit schwarzen Pfefferkörnern, der ist besonders schmackhaft für dieses Rezept.

500 g kleine Cremechampignons
3 EL Rotweinessig (oder Himbeeressig)
6 EL Olivenöl
200 g junger Pecorino-Käse mit Pfeffer (wenn erhältlich, sonst ein junger Parmesan)

Die Champignons mit einem feuchten Tuch abwischen, die Stielenden abschneiden, die Pilze in dünne Scheiben schneiden. Essig mit Öl vermischen, die Pilzscheiben darin wenden und auf einen großen Teller legen. Den Pecorino-Käse grob hobeln und darüber verteilen. Mit Crostini (Seite 16) genießen.

RICOTTA SALATA MIT AVOCADO IN PIKANTEM ÖL-DRESSING

Ricotta salata ist ein gesalzener Ricotta-Käse, der etwa die Konsistenz von Feta-Käse hat, nur etwas cremiger und nicht so salzig. Sie können ihn in manchen italienischen Läden bekommen; der griechische Minouri-Käse ist ähnlich. Wenn Sie ihn durch Feta ersetzen müssen, legen Sie diesen über Nacht in frisches Wasser, um das Salz etwas auszulaugen.

Öl-Dressing

3 EL Olivenöl
1 Prise Cayennepfeffer oder
1 kleine, getrocknete Chilischote
Saft von 1 Orange und
½ Zitrone, Salz und Pfeffer
1 EL frische Rosmarinnadeln, geschnitten, oder
1 TL getrockneter Rosmarin, zerbröselt

1 reife Avocado
250 g Ricotta salata
50 g schwarze Oliven
schwarzer Pfeffer aus der Mühle

Das Öl mit dem Cayennepfeffer oder der Chilischote erhitzen und wieder abkühlen, Chilischote entfernen. Orangen- und Zitronensaft in das Öl einrühren, mit Salz, Pfeffer und Rosmarin würzen.
Die Avocado halbieren, schälen, den Kern entfernen und das Fleisch in Querscheiben schneiden, mit der Ölsoße mischen. Den Ricotta in Scheiben schneiden und schuppenartig, abwechselnd mit den Avocadoscheiben, auf einem Teller anordnen, mit den Oliven verzieren. Die restliche Soße darübergießen und mit Pfeffer bestreuen. Mit Crostini servieren.

SALATE

Es gibt kaum ein Land, dessen Märkte eine Köchin – mindestens diese Köchin – mehr zum Anmachen von Salaten animiert als Italien. Die Marktstände und Geschäfte scheinen förmlich mit wunderschönen, knackigen Salaten, zarten, jungen Gemüsen und frischen Kräutern überzuquellen. Und im Supermarkt gibt es 6 Meter Regalplatz allein für das Olivenöl, vertreten mit Dutzenden von Sorten, Qualitäten, Regionen und Preisen. Auch eine umfangreiche Vielfalt an Essigsorten ist vorhanden, vor allem die wunderbaren Weinessigsorten und mein Lieblingsessig, der Balsamico di Modena, ein dunkelbrauner, süß-saurer Essig, der jeden Salat zu einem kulinarischen Erlebnis macht.

In meinen Rezepten, vor allem in meinen Salatrezepten, verwende ich fast ausschließlich Olivenöl. Viele Menschen behaupten, daß sie den Geschmack von Olivenöl nicht mögen, geben aber meistens auch zu, daß sie nur das billige Olivenöl aus den Supermärkten kennen. Das Öl, was dort angeboten wird, ist leider auch oft genug ein guter Grund, Olivenöl nicht zu mögen! Wenn Sie das gesundeste und schmackhafteste Öl in Ihrer Küche verwenden wollen, müssen Sie in einen italienischen, griechischen oder türkischen Laden gehen und dort das Olivenöl »extra vergine«, erste Pressung, unraffiniert und ungebleicht, verlangen. Vielleicht müssen Sie auch mehrere Sorten durchprobieren, bis Sie eine finden, die fruchtig, leicht, aromatisch und würzig genug ist. In Deutschland kaufe ich immer das griechische Olivenöl aus Kalamata – in den Bioläden erhältlich – oder toskanisches Öl beim Italiener. Gutes Olivenöl ist teuer, aber es lohnt sich nicht, an diesem fundamentalen Produkt zu sparen. Ein gutes Öl ist eine lebensspendende Kostbarkeit, seit Bibelzeiten gelobt und geschätzt. Und: Ein gutes Öl macht einen Salat zu einem Gedicht, ein schlechtes zu einer Katastrophe!

In der klassischen Reihenfolge der italienischen Mahlzeit kommt der Salat meistens zum Schluß, oft von einem Stück Käse begleitet. Danach werden Obst und Kaffee angeboten. In der Vollwertküche zieht man es vor, den Salat am Anfang des Essens anzubieten, um den Magen in gesundester Weise auf die warmen Speisen vorzubereiten – und weil Rohkost als wichtigstes Element im Rahmen einer Mahlzeit angesehen wird. Wenn der Salat zuerst auf den Tisch kommt, wird er mit dem größten Appetit begrüßt und restlos aufgegessen, was nicht immer der Fall ist, wenn er am Schluß eines üppigen Mahls angeboten wird. Für Gäste oder die Familie stelle ich meistens ein oder zwei kleine, kalte Vorspeisen mit einer üppigen Portion Salat schon auf Platztellern bereit, bevor ich zum Essen rufe, und reiche Brot oder Crostini dazu. Die Suppe, Pasta oder das Hauptgericht wird erst serviert, wenn diese Vorspeisenteller leer sind. Auf diese Weise kann ich sicher sein, daß kein Salat übrig bleibt!

FENCHELSALAT MIT PARMESAN

750 g Gemüsefenchel
20 g frischer Parmesan, grob gehobelt

Salatsoße
6 EL Olivenöl
Saft von 1 Orange
Saft von ½ Zitrone
1 TL rosa Pfefferkörner
½ TL grüne Pfefferkörner
1 TL Kräutersalz

Den Fenchel putzen: Stiele abschneiden, Knollen quer in dünne Scheiben schneiden, gut waschen, abtropfen. Grüne Blätter abzupfen, fein hacken.

Das Öl mit dem Orangen- und Zitronensaft mischen, die Pfefferkörner zerstoßen und mit dem Salz dazurühren, abschmecken. Über die Fenchel gießen, gut mischen und in eine flache Schüssel geben. Den Parmesan darüberstreuen, mit den gehackten Fenchelblättern verzieren und sofort servieren.

FENCHELSALAT MIT RADIESCHEN

500 g Gemüsefenchel
200 g Radieschen

Salatsoße
5 EL Olivenöl
2 TL Fenchelkörner
2 EL Rotweinessig
Saft von ½ Orange
Salz, weißer Pfeffer

Den Gemüsefenchel putzen, grüne Blättchen fein hacken und beiseite stellen. Fenchel und Radieschen quer in dünne Scheiben schneiden, in einer Salatschüssel mischen.

2 EL von dem Öl in einer Pfanne erhitzen, die Fenchelkörner darin rösten, bis sie leicht gebräunt sind, abkühlen lassen. Mit dem restlichen Öl und den anderen Zutaten mischen und über den Salat gießen, gut durchheben und nochmals abschmecken. Mit den gehackten Fenchelblättern verzieren.

MARINIERTE GRÜNE BOHNEN MIT TOMATEN

Marinade
1 kleine rote Zwiebel
5 EL Rotweinessig
1 EL scharfer Senf
1 TL Kräutersalz
2 EL feingehackte Blattpetersilie
1 Knoblauchzehe, fein gehackt
½ Bund frisches Basilikum, Blätter in Streifen geschnitten
1 TL Oregano
schwarzer Pfeffer

750 g frische grüne Bohnen
500 g kleine Tomaten

Die Zwiebel fein hacken und mit allen anderen Zutaten zu einer Marinade verrühren.

Die Bohnen putzen, in Salzwasser ca. 5 Minuten garen, nicht zu weich kochen! Heiß in die Soße mischen und ziehen lassen, bis sie kalt sind, auch über Nacht. Vor dem Servieren die Bohnen mit einer Gabel aus der Marinade herausnehmen und auf einen Servierteller legen. Die Tomaten vierteln und in der Marinade, die noch übrig ist, wenden. Hübsch auf den Bohnen anrichten und sofort servieren.

KARTOFFELSALAT MIT ROTEN BETEN

6 kleine Rote Bete, ca. 750 g
1 TL Fenchelkörner
1 kg kleine, möglichst gleich große, neue Kartoffeln

Marinade
4 Frühlingszwiebeln, in feine Ringe geschnitten
3 EL Weißwein
3 EL Weißweinessig
8 EL Olivenöl
1 Knoblauchzehe, zerdrückt
2 TL Kräutersalz
schwarzer Pfeffer
1 EL Oregano
3 EL gehackte Blattpetersilie

1 Kopf Romanasalat (ca. 500 g)

Die Roten Beten ungeschält zusammen mit den Fenchelkörnern in ca. 30 Minuten gar kochen, abkühlen lassen. Die Kartoffeln waschen, ungeschält ca. 20 Minuten kochen, bis sie gar, aber nicht weich sind.

Aus den angegebenen Zutaten eine Marinade mischen. Die Beten schälen und würfeln, mit der Hälfte der Marinade mischen und mindestens 1 Stunde, am besten über Nacht, durchziehen lassen. Die Kartoffeln heiß schälen, würfeln und mit der anderen Hälfte der Marinade mischen, ebenfalls durchziehen lassen.

Kurz vor dem Servieren den Romanasalat gründlich waschen, die Blätter quer in Streifen schneiden und auf einen Servierteller legen. Bete und Kartoffeln mischen, abschmecken und auf dem Salat anrichten. Sofort servieren.

KLASSISCHER GRÜNER SALAT MIT MOZZARELLA UND OLIVEN

1 Kopf Romanasalat (Lattich, Bindesalat)
1 kleiner Kopf Radicchio
½ kleiner Kopf Friséesalat
1 mittelgroße rote Zwiebel
1 Kugel Mozzarella (ca. 200 g)
50 g milde, schwarze Oliven (am besten spanische), entkernt

Salatsoße
6 EL Olivenöl
3–4 EL Balsamico-Essig
Kräutersalz
1 Knoblauchzehe, zerdrückt
schwarzer Pfeffer aus der Mühle

100 g Parmesan, frisch gerieben

Die Romanablätter abtrennen, gut waschen, abtropfen und in mundgerechte Stücke reißen. Den Radicchio quer in Streifen schneiden oder in kleine Stücke reißen. Den Frisée waschen, ausschütteln und quer in Streifen schneiden. Die Zwiebel in feine Ringe schneiden. Alles gut vermischen. Den Mozzarella in Scheiben schneiden oder würfeln und mit den Oliven zum Salat geben.
Aus den angegebenen Zutaten eine Soße rühren, über den Salat gießen, mischen, abschmecken und sofort servieren. Parmesan und die Pfeffermühle separat dazu reichen.

CHICORÉESALAT MIT WALNÜSSEN UND GORGONZOLA

Salatsoße
2 EL Zitronensaft
½ TL Kräutersalz
6 EL Olivenöl

1 kg Chicorée
200 g Walnüsse
200 g pikanter Gorgonzola

Zitronensaft, Salz und Öl zu einer Soße verrühren.
Den Chicorée putzen, den bitteren Keil herausschneiden, in einzelne Blätter trennen, Mittelteil in Querscheiben schneiden. Die Nüsse knacken und die Kerne grob brechen. Den Gorgonzola zerkrümeln. Chicorée mit der Soße mischen und auf Portionsteller verteilen. Nüsse und Käse darüberstreuen.

DUNKELGRÜNER WINTERSALAT MIT KÜRBISKERNEN

100 g Blattspinat
1 Zucchini (ca. 250 g)
100 g Rucola (siehe Seite 30)
125 g Feldsalat
1 Kopf Romanasalat (ca. 250 g)

Salatsoße
6 EL Kürbiskernöl
3 EL Balsamico-Essig
1 Knoblauchzehe, durchgepreßt
20 g Kürbiskerne ohne Schale
Kräutersalz, Pfeffer

Den Spinat verlesen, Stiele entfernen, gründlich waschen und in mundgerechte Stücke reißen. Die Zucchini in dünne Scheiben schneiden. Rucola putzen, harte Stiele entfernen. Den Feldsalat gründlich putzen und waschen, Romana gut waschen und in kleine Stücke zerreißen. Alle Salate miteinander durchmischen.
Aus den angegebenen Zutaten eine pikante Soße rühren und kurz vor dem Servieren über den Salat gießen.

SIZILIANISCHER REISSALAT MIT MÖHREN

Für 6–8 Personen
300 g Langkorn-Naturreis (oder eine Mischung aus Langkorn- und Wildreis)
200 g Möhren
2 EL Pinienkerne
8–10 sonnengetrocknete Tomaten (siehe Seite 13)
50 g schwarze Oliven
1 Bund Blattpetersilie, grob gehackt
4 EL Rotweinessig
⅛ l Olivenöl
Salz
grober schwarzer Pfeffer
1 Knoblauchzehe, ausgepreßt
1 TL Oregano
1 TL Cumin (Kreuzkümmel)

Den Reis gar, aber nicht zu weich kochen. Die Möhren in dünne Querscheiben oder Würfel schneiden und in den heißen Reis einrühren, abkühlen lassen. Die Pinienkerne in einer trockenen Pfanne vorsichtig anrösten, bis sie leicht gebräunt sind. Die Tomaten grob hacken, die Oliven entsteinen und ebenfalls grob hacken. Zusammen mit der Petersilie und den restlichen Zutaten in den Reis einrühren, abschmecken. Mindestens 1 Stunde durchziehen lassen, nochmals abschmecken. Als Vorspeise, Zwischengericht oder Beilage mit grünem Salat servieren.

SALAT AUS SCHWARZEN BOHNEN MIT SELLERIE

Foto

Die Italiener lieben Bohnenkerne und bereiten daraus am liebsten Salate zu mit einer Vielfalt von kleingeschnittenem Gemüse. Schwarze Bohnen sind besonders hübsch, wenn sie mit roter Paprikaschote und grüner Petersilie gemischt und verziert werden.

Für 16 Personen als Partygericht
500 g schwarze Bohnen
2 TL gekörnte Brühe
5 Stangen Bleichsellerie
1 große rote Paprikaschote
3 rote Zwiebeln
1 Bund Blattpetersilie
200 g Kirschtomaten oder kleine Tomaten
2 hartgekochte Eier, wenn erwünscht

Salatsoße
⅛–¼ l Olivenöl
3–4 EL Zitronensaft
in feine Streifen geschnittene Schale von 1 unbehandelten Zitrone
Kräutersalz
schwarzer Pfeffer
1 TL Oregano oder Bohnenkraut

Die Bohnen über Nacht in kaltem Wasser einweichen (oder einige Stunden im voraus in kaltem Wasser aufsetzen, aufkochen, vom Herd nehmen und abkühlen lassen). Das Einweichwasser abgießen, die Bohnen verlesen, wieder mit Wasser bedecken – ca. 5 cm über die Oberfläche – und aufkochen. Etwa 1 Stunde köcheln lassen, bis sie anfangen, gar zu werden. Die gekörnte Brühe einrühren und weiterkochen, bis die Bohnen weich, aber noch nicht zerfallen sind. In ein Sieb geben, abtropfen und abkühlen lassen.

Sellerie und Paprika putzen und fein würfeln. 2 Zwiebeln würfeln, 1 Zwiebel in Ringe schneiden. Die Petersilie grob hacken und die Tomaten halbieren oder vierteln.

Für die Salatsoße Öl und Zitronensaft mischen. Die restlichen Zutaten zu dem Öl geben, pikant abschmecken. Über die Bohnen gießen und gut durchheben. Die gewürfelten Gemüse dazumischen, nochmals abschmecken. Mit den Tomatenstücken, Zwiebelringen und einigen Petersilieblättern verzieren. Die Eier schälen, Eiweiß und Eigelb trennen. Eiweiß hakken und über den Salat streuen. Eigelb durch ein Sieb drücken und so auf den Salat streuen, daß es wie Blütenstaub daraffällt.

RUCOLA-TOMATENSALAT

Foto

Rucola, italienisch Ruchetta – der schönste und schmackhafteste Salat, den ich je gegessen habe, er hat schon den deutschen Markt erreicht, aber noch nicht erobert. Ich hoffe, es ist nur noch eine Frage von sehr kurzer Zeit. In Frankreich und Amerika ist Rucola (Senfrauke, auch Rocquette, Rocket, Arugola, Rugala genannt) schon lange bekannt und beliebt. Sein Geschmack ist nussig, würzig, pfeffrig und unbeschreiblich schön. Seine kleinen, gezackten Blätter, die etwa wie junger Löwenzahn aussehen, sind dunkelgrün und glänzend. Der Salat ist genügsam in seinen Ansprüchen an den Garten, er kann fast das ganze Jahr über ausgesät werden und wächst vom frühesten Frühling bis spät in den Herbst. Wenn man die Blätter weit genug über der Erde abschneidet, wächst er nach. So kann man von zwei Gartenreihen fast das ganze Jahr über Salat ernten. Auch im zweiten Jahr, wenn er im Frühling wieder hochwächst und zu blühen anfängt, kann man die kleinen Blätter ernten, bis die neu gesäten Pflanzen erntereif sind. Rucola kann man unter andere Salate mischen oder pur essen, am besten (wegen der Farben) mit Tomaten wie in diesem Rezept.

500 g Rucola
500 g Tomaten

Salatsoße
5 EL Olivenöl
3–4 EL Balsamico-Essig
1 TL Kräutersalz
1 Knoblauchzehe, zerdrückt

Rucola putzen, harte Stiele entfernen, waschen, abtropfen und auf einem Teller hübsch auslegen. Die Tomaten vierteln, achteln oder in Scheiben schneiden, auf dem Rucola auslegen.

Aus den aufgeführten Zutaten eine Soße rühren, über den Salat gießen, genießen! Schmeckt auch wunderbar mit Käse wie Feta oder Mozzarella.

MÖHREN UND SELLERIE IN GORGONZOLA

Für 6–8 Personen
700 g Möhren
3 Stangen Bleichsellerie,
möglichst weiß, bitteres Oberteil
entfernt
125 g cremiger Gorgonzola
2 EL Olivenöl
100 ml süße Sahne
Salz, schwarzer Pfeffer
1 kleiner Kopf Radicchio
Zitronenachtel

Die Möhren grob raffeln, den Sellerie fein hacken und beides miteinander vermischen. Den Gorgonzola halbieren. Eine Hälfte mit Öl und Sahne cremig schlagen, mit Salz und Pfeffer abschmecken und unter das Gemüse mischen. Die zweite Hälfte grob zerkrümeln und unterheben. Die Radicchioblätter abtrennen, auf einem Servierteller ausbreiten und den Möhrensalat darauf verteilen. Es ist besonders schön, wenn für jeden Gast ein einzelnes Radicchioblatt, gefüllt mit Salat, vorbereitet werden kann. Zitronenachtel dazu reichen.

ROTER SALAT MIT TOMATEN-VINAIGRETTE

1 großer, roter Salatkopf
(Batavia- oder Eichblattsalat)
1 mittelgroße, rote Zwiebel
1 kleiner Kopf Radicchio

Tomaten-Vinaigrette

1 große Tomate, wenn möglich
eine italienische Eiertomate
⅛ l Olivenöl
3 EL Balsamico-Essig
1 TL Zitronensaft
1 Knoblauchzehe, zerdrückt
Salz, schwarzer Pfeffer

Den Salat putzen, waschen und in mundgerechte Stücke reißen. Die Zwiebel in sehr feine Ringe, den Radicchio in feine Streifen schneiden. Salat in einer großen Schüssel mischen.
Die Tomate unter dem Grill rösten, bis die Haut schwarz wird. Mit dem Olivenöl, Essig, Zitronensaft, Knoblauch, Salz und Pfeffer in eine kleinere Schüssel geben, mit einem Pürierstab zermusen. Abschmecken, über den Salat gießen und vermengen. Sofort servieren.

SIZILIANISCHER BLUMENKOHLSALAT

Für 6–8 Personen
1 Blumenkohl, ca. 1 kg
2 EL Kapern
4 Sardellenfilets (in Öl)
6 EL Olivenöl
1 große, rote Zwiebel, fein
gewürfelt
1 rote Paprikaschote, gewürfelt
10–12 schwarze Oliven (in Öl),
entsteint, halbiert
4–5 EL feingehackte
Blattpetersilie
schwarzer Pfeffer
3 EL Balsamico-Essig
1 Knoblauchzehe, fein gehackt
Salz, wenn nötig
1 kleine getrocknete Chilischote,
wenn erwünscht

Den Blumenkohl putzen, in Röschen teilen und die Röschen in Scheiben schneiden. Die Kapern hacken. Die Sardellenfilets mit 2 EL Olivenöl zerdrücken und zu einer Paste rühren, mit dem restlichen Öl mischen. Alle Zutaten in eine Salatschüssel geben und gut mischen, abschmecken. Wenn erwünscht, mit etwas zerstoßener Chilischote pikant abschmecken.

FENCHELSALAT MIT GRAPEFRUIT

Ein leichter, erfrischender Salat, der besonders hübsch aussieht, wenn man rosa Grapefruit verwendet. Auch mit Orangen und Blutorangen ein Hit!

2 weiße oder rosa Grapefruit
2 mittelgroße Gemüsefenchel
4 EL Olivenöl
Salz, weißer Pfeffer
1 Bund frische Minze, wenn
erhältlich, zum Verzieren

Die Grapefruits mit einem scharfen Messer schälen, dabei auch die weiße Innenhaut entfernen. Über einer Schüssel, um den Saft aufzufangen, die Fruchtfilets mit einem scharfen Messer aus den Häuten trennen. Die Fenchelknollen putzen, quer in Scheiben schneiden, zu den Grapefruitfilets geben und mit den restlichen Zutaten mischen. Abschmecken. Mit Minzeblättern verzieren und servieren.

HINWEIS

Wenn Sie die Säure der Grapefruits etwas abmildern möchten, können Sie 2–3 EL Mascarpone (italienischer Weichkäse) in den Salat einrühren.

WINTERSALAT AUS ENDIVIEN

1 Kopf Endiviensalat, ca. 750 g,
harte Außenblätter entfernt
100 g Selleriewurzel
125 g junger Parmesan am Stück
50 g Walnußkerne

Salatsoße
3 Sardellen, fein gehackt
6 EL Olivenöl
4 EL Balsamico-Essig
1 TL scharfer Senf
Salz, Pfeffer

Den Endiviensalat putzen, waschen und in kleine Stücke reißen. Die Selleriewurzel waschen und auf einer Lochreibe grob hobeln, mit dem Salat mischen. Den Parmesan grob hobeln, beiseite stellen. Die Walnußkerne brechen, zum Salat geben.
Aus den angegebenen Zutaten eine Soße rühren, mit dem Salat mischen, abschmecken. Den Parmesan über den Salat streuen und servieren.

KICHERERBSEN-ROMANA-SALAT

100 g Kichererbsen, am Vortag
eingeweicht
1 großer Kopf Romanasalat
1 mittelgroße Zwiebel
1 Knoblauchzehe, ½ TL Cumin
5 EL Olivenöl
Kräutersalz, Pfeffer
3 EL Rotweinessig
2 hartgekochte Eier

Die Kichererbsen abgießen, mit frischem Wasser aufsetzen, in ca. 30–40 Minuten gar kochen. Auf ein Sieb schütten, mit kaltem Wasser abschrecken, abtropfen und abkühlen lassen. Den Romanasalat putzen, die

Blätter gut waschen und in mundgerechte Stücke reißen. Die Zwiebel grob, den Knoblauch fein hacken. Die Kichererbsen mit der Zwiebel, Knoblauch und Cumin in 3 EL von dem Öl 10 Minuten schmoren und mit Kräutersalz und Pfeffer würzen. Vom Herd nehmen, mit dem restlichen Öl mischen, über den Salat geben. Den Essig dazuträufeln, alles gründlich mischen und nochmals abschmecken. Die hartgekochten Eier schälen, grob hacken, über den Salat streuen und sofort servieren.

ROTKOHLSALAT MIT ZIEGENKÄSE

Für 6 Personen
500 g Rotkohl
250 g rote Zwiebeln
4 EL Olivenöl
1 TL Fenchelsamen oder frische
Rosmarinnadeln
2 Knoblauchzehen, zerdrückt
5 EL Balsamico-Essig
2 TL Kräutersalz
schwarzer Pfeffer
200 g Capra oder anderer fester
Ziegenkäse oder Feta

Den Rotkohl fein hobeln und in eine Salatschüssel geben. Die Zwiebeln in dicke Scheiben schneiden. Das Öl in einer Pfanne erhitzen und die Zwiebeln darin scharf anbraten, leicht bräunen. Die Fenchelkörner oder Rosmarin dazugeben und kurz mitbraten, vom Herd nehmen. Die restlichen Zutaten außer Käse dazurühren, warm über den Rotkohl gießen und abschmecken. Abkühlen lassen. Kurz vor dem Servieren den Käse darüber zerkrümeln und servieren, bevor er sich verfärbt.

ROTKOHL, ROTE BETE UND ROTE ÄPFEL IN SENFSOSSE

Für 6–8 Personen
1 große Rote Bete
250 g Rotkohl
250 g rote, säuerliche Äpfel

Senfsoße
5 EL grober Senf
3 EL Balsamico-Essig
1 kleine, rote Zwiebel, fein
gehackt
3 EL fertiger Meerrettich
6 EL Olivenöl
200 ml süße Sahne
Salz und Pfeffer

Die Rote Bete schälen und roh auf einer Lochreibe hobeln. Den Rotkohl fein hobeln. Die Äpfel entkernen, aber nicht schälen, in dünne Spalten schneiden. Alles zusammen in eine Schüssel geben.
Alle Zutaten für die Senfsoße mischen, abschmecken. Über den Salat gießen, gut durchheben, ca. 1 Stunde ziehen lassen. Nach Belieben auf grünem Blattsalat anrichten.

SUPPEN

Ein italienisches Essen beginnt fast immer mit einer Suppe, einem Risotto (ein suppiges Reisgericht) oder einer kleinen Portion Pasta. Da ich die Mahlzeiten immer mit Salat und kalten Vorspeisen beginne und kein Fleisch-Hauptgericht serviere, sind Suppen (und auch Reis oder Pasta) eher Hauptspeisen. Diese Gewohnheit entspricht auch meistens dem, was deutschen Familien liegt. Wenn aber Gäste kommen oder eine üppigere Mahlzeit erwünscht ist, wird Suppe als Zwischengang nach dem Salat und vor der Hauptspeise angeboten. Daher sind meine Mengenangaben gerade bei Suppen etwas ungenau. Für eine Vorspeisen-Suppe sollten Sie pro Person etwa ¼ Liter rechnen, für ein Hauptgericht etwa ½ Liter (oder etwas mehr, falls nachgereicht wird).

Da ich einen Pürierstab besitze und gerne Cremesuppen esse, habe ich in den folgenden Rezepten mehrere Cremesuppen aufgeführt. Eigentlich werden Suppen in Italien aber selten püriert (dies ist mehr eine Eigenart der französischen Küche). Daher: Wenn Sie selbst keinen Pürierstab haben, können Sie die Suppe typisch italienisch anbieten mit fein- oder grobgehacktem Inhalt!

KÜRBISSUPPE
Zuppa di zucca

Zur Familie der »Zucca« gehören unendlich viele Speisekürbisse, die in jedem Gemüsegarten in Italien angebaut werden. Für diese Suppe braucht man einen von den festen, gelben Winterkürbissen, die heute in Bioläden oft zu finden sind.

500 g Kürbisfleisch
250 g Zwiebeln, 250 g Äpfel
3 EL Butter
1½ l Wasser
6 TL gekörnte Brühe
2 TL frische Rosmarinnadeln
1 TL Majoran
Sahne oder Joghurt

Kürbisfleisch, Zwiebeln und Äpfel grob würfeln. In der Butter in einem Suppentopf anschwitzen. Das Wasser aufgießen, gekörnte Brühe, Rosmarinnadeln und Majoran einrühren, aufkochen, zudecken und 25 Minuten köcheln lassen. Durch ein Sieb streichen oder pürieren, abschmecken. Heiß oder kalt servieren mit einem Klecks Sahne oder Joghurt.

ARTISCHOCKENSUPPE

Für die Vorbereitung der Artischocken braucht man etwas Zeit, aber das wunderbare Aroma der Suppe belohnt die Mühe. Das Gemüse soll cremig-weich gekocht werden.

6 mittelgroße Artischocken
Saft von ½ Zitrone
2 EL Butter
1 kleine Zwiebel, fein gehackt
1 l Gemüsebrühe
100 g Rundkorn-Naturreis
1 Ei
geriebener Parmesan

Die Artischocken putzen: äußere Blätter wegschneiden, innere Blätter wie einen Apfel kurz abschälen, nur die fleischigen Blattansätze stehenlassen. Die Artischocken halbieren, die Blütenblätter mit einem scharfen Messer auskratzen, vierteln. Die Schnittflächen mit Zitronensaft einreiben.

Die Butter in einem Suppentopf erhitzen und die Zwiebel darin anschwitzen, aber nicht bräunen. Artischockenviertel und Brühe dazugeben und aufkochen lassen. Den Reis einrühren und ca. 1 Stunde köcheln lassen, bis er cremig wird und die Artischocken weich sind. Das Ei mit etwas Suppe verschlagen, in die Suppe einrühren und sofort heiß servieren. Parmesan und Vollkorn-Croutons separat dazu reichen.

MÖHREN-ZITRONEN-SUPPE

6 EL Butter
1 große Zwiebel, gewürfelt
1 Knoblauchzehe, gehackt
750 g Möhren, in Stücke geschnitten
3 Tomaten (auch Dosenware), geschält
1 Kartoffel, geschält, gehackt
1¼ l kräftige Gemüsebrühe
Salz, Pfeffer
200 g Crème fraîche
Tabasco
Saft von 3 Zitronen
Kräutersalz
schwarzer Pfeffer aus der Mühle
2 Bund frisches Basilikum
Schale von 1 unbehandelten Zitrone, in sehr feine Streifen geschnitten

Die Butter in einem Suppentopf zerlassen und die Zwiebel darin glasig dünsten. Knoblauch, Möhren, Tomaten und Kartoffel dazugeben, Brühe aufgießen und ca. 20 Minuten kochen, bis das Gemüse weich ist. Die Suppe pürieren, Crème fraîche, Tabasco und Zitronensaft einrühren, mit Salz und Pfeffer abschmecken. Basilikumblätter in sehr feine Streifen schneiden, die Hälfte davon in die Suppe einrühren und durchziehen lassen. Das restliche Basilikum und die Zitronenschale-Streifen auf der Suppe, in Portionstellern angerichtet, als Verzierung verteilen.

ENZOS TOMATEN-JOGHURT-SUPPE
Foto Seite 34

Eine Suppe meines Nachbarn. Dafür muß man wirklich reife, saftige, süße Tomaten haben: eine Sommersuppe.

1 kg reife Fleischtomaten
½ l Joghurt
1 Knoblauchzehe
1 TL Kräutersalz
1 TL Paprikapulver
Saft von 1 Zitrone
Pfeffer
1 Bund Blattpetersilie oder frisches Basilikum

Die Tomaten häuten, entkernen und pürieren. Mit den restlichen Zutaten außer Petersilie mischen und abschmecken. Petersilie oder Basilikum in Streifen schneiden, teils einrühren, auf Teller verteilen und die restlichen Blätter als Verzierung auf die Suppe streuen. Sofort servieren, da die Suppe Wasser zieht, wenn sie länger steht.

GEEISTE GURKENSUPPE

Geeiste Suppen sind in Italien nicht sehr verbreitet. Aber einer meiner Nachbarn aus dem Piemont war geradezu darin verliebt und präsentierte oft diese leichte, kühle Suppe.

3 EL Butter
1 mittelgroße Zwiebel
1 Knoblauchzehe
3 kleine Gurken
(oder 1 Schlangengurke)
3 EL Reismehl
½ l Brühe
2 EL gehackte Speerminze
(italienische Spezialität)
¼ l süße Sahne
¼ l Johgurt
Salz, weißer Pfeffer
Minzeblätter

Die Butter in einem Suppentopf schmelzen. Zwiebel und Knoblauch sehr fein hacken und in der Butter dünsten, bis die Zwiebeln weich, aber nicht gebräunt sind. Gurken schälen, halbieren, entkernen und in feine Scheiben schneiden. Zu den Zwiebeln geben und sanft köcheln lassen unter öfterem Wenden, sie sollen weich sein. Mehl und Brühe verrühren und aufgießen, kurz aufkochen und 5 Minuten köcheln lassen. Mit einem Pürierstab fein pürieren, Minze einrühren und erkalten lassen. Vor dem Servieren Sahne und Joghurt einrühren, mit Salz und Pfeffer abschmecken. Auf Portionsteller geben und mit Minzeblättern verzieren.

GEEISTE KNOBLAUCHSUPPE

1 kleine Zwiebel, fein gehackt
6 Knoblauchzehen, grob gehackt
2 EL Olivenöl
1 kleine Kartoffel, gehackt
1 l Gemüsebrühe
200 ml süße Sahne
Kräutersalz, schwarzer Pfeffer
4 EL feingehackte Petersilie

Zwiebel und Knoblauch in dem Olivenöl in einem Suppentopf kurz dünsten. Kartoffel und Brühe dazugeben und köcheln lassen, bis die Kartoffel weich ist. Pürieren, kalt stellen. Die Sahne in die kalte Suppe rühren, mit Salz und Pfeffer abschmecken und, mit Petersilie bestreut, kalt servieren.

GOLDENE KNOBLAUCHSUPPE

4 Knoblauchzehen
⅛ l Olivenöl
150 g Weizenvollkornmehl, fein gemahlen
2 l kräftige Gemüsebrühe
4 Eier
Kräutersalz, Pfeffer

Einlage
4 Scheiben Vollkornmischbrot
2 TL Olivenöl
4 EL feingehackte Petersilie
geriebener Parmesan

Die Knoblauchzehen schälen und fein hacken. Das Öl in einem Suppentopf erhitzen. Knoblauch und Mehl langsam darin nußbraun anrösten. Die Brühe mit einem Schneebesen einrühren, aufkochen und ca. 15 Minuten köcheln lassen. Durch ein Sieb gießen, nochmals erhitzen. Die Eier verschlagen und mit dem Schneebesen

in die Suppe rühren. Die Suppe zum Sieden bringen, aber nicht mehr kochen lassen. Vom Herd nehmen, mit Salz und Pfeffer abschmecken.
Das Brot mit Olivenöl bestreichen und im Ofen leicht toasten. Die Brotscheiben in Suppenteller legen, die Suppe darübergeben, mit Petersilie und Käse bestreuen, servieren.

PAPPA DI PANE
Brotsuppe

Eine der einfachsten, schmackhaftesten und beliebtesten Suppen in der italienischen Küche. Sie verlangt vollreife, süße Tomaten, krustiges, etwas altbackenes Brot von bester Qualität und das beste, fruchtigste und feinste Olivenöl, das man kaufen kann. Der Rest ist einfach und einfach himmlisch!

6 EL Olivenöl
4 Knoblauchzehen, grob gehackt
8–10 frische Salbeiblätter
500 g altbackenes Mischbrot, in Würfel geschnitten
750 g reife Tomaten, gehäutet, grob gehackt
Kräutersalz, Pfeffer
ca. ½ l Wasser oder Brühe
geriebener Parmesan

Das Olivenöl in einem Suppentopf erhitzen und den Knoblauch 1 Minute darin anbraten. Salbeiblätter und Brot dazugeben und unter häufigem Rühren das Brot goldbraun anrösten. Tomaten, Salz und Pfeffer einrühren, Wasser oder Brühe aufgießen und ca. 20 Minuten köcheln lassen, bis die Suppe etwa die Konsistenz von Maisbrei erreicht hat. Nochmals abschmecken und warm servieren. Parmesan getrennt reichen.

Frühlingssuppe aus Erbsen und Römischem Salat

150 g frische oder tiefgekühlte Erbsen

750 g Römischer Salat (Bindesalat oder Lattich)

1 Bund Frühlingszwiebeln

4 EL Butter

4 EL Weizenvollkornmehl

1 TL Thymian

1 TL Basilikum

Salz, schwarzer Pfeffer

¾ l Brühe

⅛ l süße Sahne

⅛ l Weißwein

Die Erbsen auspalen oder auftauen, Salat grob, Zwiebeln fein hacken. Die Butter in einem Suppentopf erhitzen, Erbsen, Salat und Zwiebeln darin unter öfterem Wenden andünsten. Mehl, Kräuter und Gewürze einrühren und kurz anschwitzen. Die Brühe dazugießen, aufkochen und 5 Minuten leise köcheln lassen. Mit einem Pürierstab cremig pürieren, wenn erwünscht, durch ein grobes Sieb passieren. Mit Sahne und Weißwein verlängern und nochmals abschmecken. Heiß servieren, am schönsten mit einem Klecks steifgeschlagener Sahne.

Zucchini-Zitronensuppe   Foto

2 l Gemüsebrühe

2 kleine Zucchini

Saft von 2 Zitronen

4 Eier

Salz und Pfeffer

Tabasco

1 TL Oregano

50 g gekochter Reis oder kleine Suppennudeln

Die Gemüsebrühe zum Kochen bringen. Die Zucchini in Scheiben schneiden und mit dem Zitronensaft in der Brühe 3 Minuten mitkochen. Die Eier aufschlagen, mit etwas Brühe verrühren, in die Suppe gießen und sofort vom Herd nehmen. Mit Salz, Pfeffer und Tabasco abschmecken. Oregano und Reis oder Suppennudeln einrühren, sofort heiß servieren.

Kartoffelsuppe mit Tomaten und Salbei

Leicht, erfrischend und von einer wunderbaren rosa Farbe ist diese Suppe. Sie kann kalt oder heiß serviert werden.

750 g Kartoffeln, geschält, grob gehackt

10 (!) Knoblauchzehen, geschält

15 frische Salbeiblätter, fein gehackt, oder 1 EL getrockneter Salbei

2 Lorbeerblätter

1 Zwiebel, geschält, grob gehackt

2 EL Olivenöl

1 l Wasser oder Brühe

500 g Tomaten, geschält, entkernt, gehackt

100 ml süße Sahne

Kräutersalz, Pfeffer, Tabasco

Kartoffeln, Knoblauch, Kräuter und Zwiebel in einem Suppentopf in dem Öl kurz anschwitzen. Mit Wasser oder Brühe aufgießen, aufkochen, 15–20 Minuten leise köcheln lassen, bis die Kartoffeln weich sind. Tomaten und Sahne einrühren, 5 Minuten mitköcheln. Mit einem Pürierstab pürieren oder durch ein Sieb streichen. Mit Salz, Pfeffer und Tabasco abschmecken. Sofort heiß servieren. Oder kalt stellen und geeist servieren.

»FRITTATINE«-SUPPE Foto

Frittatine sind dünne, crêpeähnliche Omeletts, die als Vorspeise oder als Hülle für Gemüse verwendet werden können (siehe Seite 104). In dieser Suppe werden sie in feine Streifen geschnitten und wie Nudeln in einer schönen Brühe serviert.

Frittatine

3 Eier, geschlagen
1 Bund Petersilie, fein gehackt
100 g Parmesan, frisch gerieben
Muskat, Salz, Pfeffer
100 g Weizenvollkornmehl
¼ l Milch
3 EL Butter

Suppe

1½ l Gemüsebrühe
200 g gemischtes Gemüse, z. B.
Möhren, Lauch, Zucchini, rote
Paprikaschote
¼ l trockener Weißwein

Die Frittatine-Zutaten außer Butter gründlich verrühren. In der heißen Butter sehr dünne Fladen ausbacken und auf einem Teller abkühlen lassen. Wenn sie kalt geworden sind, die Frittatine zusammenrollen und quer in nicht zu feine Streifen schneiden.

Die Brühe für die Suppe zum Kochen bringen. Die Gemüse in feine Streifen schneiden und mit dem Wein zu der Brühe geben, 5 Minuten kochen lassen. Die Frittatine-Streifen dazugeben, nicht weiterkochen. Sofort heiß servieren. Nach Belieben geriebenen Parmesan zum Bestreuen dazu reichen.

SIZILIANISCHE LINSENSUPPE

200 g Linsen, am besten die kleinen, rosa Linsen
1 große, reife Tomate, gehäutet, entkernt, gehackt
2 Zwiebeln, gehackt
4 Frühlingszwiebeln, gehackt
3 Knoblauchzehen, durchgepreßt
1 Lorbeerblatt
4 EL gehackte Petersilie
2 EL frisch geriebene Ingwerwurzel
2 TL Paprikapulver
2 EL Olivenöl
Salz, Pfeffer
1¼ l Brühe
1 EL Cumin, gemahlen

Alle Zutaten außer Cumin in einem Suppentopf mischen, zum Kochen bringen und ½ Stunde (mit anderen Linsen 1½ Stunden) köcheln lassen. Das Lorbeerblatt entfernen, die Suppe teils pürieren. Das Cumin in einer trockenen Pfanne rösten, auf die Suppe streuen, sofort servieren.

REIS-SELLERIE-SUPPE
Riso in brodo col sedano

1½ l kräftige Gemüsebrühe aus gekörnter Brühe mit etwas Weißwein
100 g Rundkorn-Naturreis
1 Bund Staudensellerie
3 EL Butter
Salz, Pfeffer
1 EL gehacktes Dillkraut
Sellerie-Blätter
geriebener Parmesan

Die Brühe zum Kochen bringen. Den Reis einrühren und ca. ½ Stunde köcheln lassen, bis er weich ist. Den Sellerie putzen, die Blätter entfernen, einige junge Blätter aufheben und

fein schneiden. Die Rippen in feine Querscheiben schneiden und in einer Bratpfanne in der heißen Butter ca. 15 Minuten zugedeckt dünsten. In die Suppe einrühren und mit den Gewürzen abschmecken. Auf Suppenteller verteilen und mit Dill und Sellerieblättern bestreuen. Den Parmesan separat reichen.

SALBEISUPPE

Für diese Suppe müssen Sie frischen Salbei haben. Getrockneter Salbei ist zu streng und hat einen anderen Geschmack.

2 EL Olivenöl
4 Knoblauchzehen
10–15 frische Salbeiblätter
½ TL Thymian
2 Lorbeerblätter
1 l Gemüsebrühe
2 Kartoffeln, geschält und gewürfelt
50 g Suppennudeln
4 Scheiben geröstetes Vollkorn-Mischbrot
4 Eigelb
4 EL geriebener Parmesan
8 Salbeiblätter zum Verzieren
Salz, Pfeffer

Das Öl in einem Topf erhitzen und den Knoblauch darin anschwitzen. Die Kräuter einrühren und kurz anbraten, die Brühe aufgießen und 15 Minuten köcheln lassen. Die Kräuter mit einer Schaumkelle herausnehmen, die Kartoffeln einrühren und weich kochen, pürieren. Die Suppennudeln einrühren und garen. In jeden Servierteller 1 Scheibe geröstetes Brot, 1 Eigelb und 1 EL Käse geben, die heiße Suppe darüber verteilen, mit den Salbeiblättern verzieren und heiß servieren. Salz mit Pfeffermühle dazu reichen.

TOMATEN-REIS-SUPPE MIT KASTANIEN

Wenn die Maronimänner im Herbst auf der Straße erscheinen, kaufe ich immer eine große Tüte geröstete Kastanien und bereite diese Suppe zu (man kann auch einen wunderschönen Kastanien-Risotto zubereiten).

500 g Tomaten
1 l Brühe
¼ l Weißwein
10 Schalotten
3 EL Olivenöl
15 geröstete Kastanien
1 Tasse gekochter Reis (ca. 50 g Rohreis)
½ TL geriebene Muskatnuß
1 gehäufter TL Oregano
süße Sahne zum Verfeinern

Die Tomaten überbrühen, häuten, halbieren, die Kerne herausdrücken und das Fleisch hacken. Brühe und Weißwein zum Köcheln bringen. Inzwischen die Schalotten schälen, fein würfeln, in dem heißen Öl sanft braten, bis sie weich sind. Mit den Tomaten in die Brühe geben, 5 Minuten mitköcheln lassen. Die Kastanien schälen, die braune Innenhaut restlos entfernen, hacken und zusammen mit dem Reis in die Suppe einrühren. Mit den Gewürzen abschmecken, mit etwas Sahne verfeinern und sofort heiß servieren.

KASTANIENCREMESUPPE

Kastanien sind in Italien ein Gemüse, das vor allem während der Ernte im Herbst häufig auf den Tisch kommt. Kastanien müssen vollständig geschält werden, was etwas Mühe verlangt. Das Ergebnis, eine leicht nussige Cremesuppe mit himmlischem Aroma, ist aber diese Mühe wert!

1 kg frische Kastanien
4 EL Olivenöl
12 Schalotten
150 g Sellerie
1¼ l Gemüsebrühe
¼ l süße Sahne
1 Prise gemahlener Anis
Salz, Pfeffer
1 EL frischer Rosmarin, fein geschnitten
oder ½ TL getrockneter, zerbröselt

Die Kastanien auf der flachen Seite mit einem scharfen Messer einritzen und in 1 l Wasser 20 Minuten zugedeckt köcheln lassen. Abgießen und auf Handwärme abkühlen lassen. Mit einem scharfen Messer Schale und Innenhaut vollständig entfernen.
In einem Suppentopf 2 EL Olivenöl erhitzen, die Schalotten fein hacken und darin glasig dünsten. Kastanien und Sellerie hacken, zu den Schalotten geben und die Brühe aufgießen. 30 Minuten köcheln lassen, bis die Kastanien weich sind. Die Suppe pürieren, die Sahne einrühren und mit den Gewürzen abschmecken. Die Rosmarinblätter in dem restlichen Olivenöl erhitzen und 3 Minuten ziehen lassen. In die Suppe geben und servieren.

HINWEIS

Sie können auch geröstete Kastanien vom Maronimann kaufen und für diese Suppe verwenden. Dadurch gewinnt sie einen schönen rauchigen Geschmack. Allerdings müssen Sie alle schwarzen Stellen von dem Kastanienfleisch entfernen, daher kaufen Sie einige Kastanien mehr als Sie brauchen.

KRÄFTIGE KOHLSUPPE

4 EL Olivenöl
4 Knoblauchzehen
1 mittelgroße Zwiebel
1 Kopf Weißkohl, ca. 600 g
150 g Sellerie
1 EL Orgeano
1 EL Kräutersalz, Pfeffer
2 Kartoffeln
1 l Brühe
250 g weiße Bohnen, gar gekocht
1 TL Thymian
geriebener Parmesan

Das Olivenöl in einem Suppentopf erhitzen. Knoblauch und Zwiebel hacken und in dem Öl 5 Minuten dünsten, bis die Zwiebeln glasig sind. Den Kohl fein raffeln, Sellerie fein hacken, beide mit dem Oregano zu den Zwiebeln geben und zugedeckt mitdünsten, gelegentlich rühren, bis der Kohl auf die Hälfte zusammengefallen ist. Die Kartoffeln würfeln, mit Salz und Pfeffer zum Kohl geben und 5 Minuten mitdünsten, gelegentlich umrühren, damit die Kartoffeln nicht anhaften. Die Brühe aufgießen und aufkochen lassen. 30 Minuten bei kleinster Hitze köcheln. Bohnen und Thymian in den letzten 10 Minuten dazugeben. Alles nochmals abschmecken und servieren. Parmesan separat dazu reichen.

FENCHELCREMESUPPE

750 g Gemüsefenchel (ca. 2 Knollen)
2 mittelgroße Lauchstangen
1 Knoblauchzehe, geschält
6 EL Olivenöl
1 mittelgroße Kartoffel
1 l Brühe
100 ml süße Sahne
Kräutersalz, schwarzer Pfeffer
Tabasco, Zitronensaft
1 EL Fenchelkörner

Den Fenchel putzen, die Stiele wegschneiden, die Blätter säubern und zusammen mit den Knollen fein hacken. Den Lauch putzen, waschen, das Grün für ein anderes Gericht aufheben, die weißen Teile grob hacken und nochmals waschen. Zusammen mit dem Fenchel und dem Knoblauch in einen Suppentopf geben, 4 EL Olivenöl dazugeben und durchschwitzen. Die Kartoffel hacken, mit der Brühe zu dem Gemüse geben, aufkochen und 30 Minuten köcheln lassen, bis alles weich ist. Mit dem Pürierstab oder im Mixer cremig pürieren. Die Sahne einrühren, mit Salz, Pfeffer, Tabasco und Zitronensaft abschmecken. Die Fenchelkörner zerstoßen. In einer kleinen Bratpfanne das restliche Öl erhitzen und die Körner darin rösten, bis sie duften und anfangen zu bräunen. Die Suppe in Servierteller verteilen, je 1 TL Fenchelkörner mit Öl daraufgeben.

CREMIGE BLUMENKOHLSUPPE

Foto

3 EL Olivenöl
1 große Zwiebel, fein gehackt
1 Möhre, fein gehackt
2 Knoblauchzehen, gehackt
4 Tomaten, gehäutet, gehackt
1 kleiner Blumenkohl, geputzt, gehackt
1¼ l Gemüsebrühe
5 Lorbeerblätter
1 kleine Chilischote, ganz
Salz, Pfeffer
2 TL frische Thymianblätter (oder ½ TL getrocknet)
100 ml süße Sahne, wenn erwünscht
geriebener Parmesan

Das Olivenöl in einem Suppentopf erhitzen, Zwiebel, Möhre und Knoblauch darin 5 Minuten dünsten. Tomaten, Blumenkohl, Lorbeerblätter und Chilischote einrühren, aufkochen lassen, auf kleinste Hitze schalten und ca. 30 Minuten köcheln lassen. Chilischote und Lorbeerblätter entfernen, die Suppe pürieren, mit Salz und Pfeffer abschmecken. Thymian einstreuen (einige Blätter zum Verzieren zurückhalten) und die Sahne einrühren. Auf Suppenteller verteilen, mit Thymianblättern und etwas Parmesan bestreuen, Parmesan dazu reichen.

HINWEIS
Diese Suppe schmeckt auch außerordentlich gut im Sommer, wenn sie kalt serviert wird!

WEISSE-BOHNEN-SUPPE MIT GELBER PAPRIKA-SCHOTE UND SALBEI

200 g weiße Bohnen
3 gelbe Paprikaschoten
1 Möhre
1 mittelgroße Zwiebel
4 Knoblauchzehen
3 EL Olivenöl
200 g frische Tomaten, geschält und gehackt, oder
1 kleine Dose geschälte Eiertomaten
1 l Gemüsebrühe
10–15 frische Salbeiblätter
Salz, Pfeffer
100 ml süße Sahne
1 TL Balsamico-Essig
1 Bund Blattpetersilie
Parmesan

Die Bohnen über Nacht in kaltem Wasser einweichen oder in kochendem Wasser kurz erhitzen, beiseite stellen und 1 Stunde quellen lassen. Das Einweichwasser abgießen, nochmals mit frischem Wasser zudecken, aufkochen und ca. 1 Stunde kochen, bis sie gar aber nicht matschig sind. Im Sieb abtropfen lassen.
Inzwischen Paprika und Möhren würfeln, Zwiebel und Knoblauch hacken. Alles im Suppentopf in dem heißen Öl ca. 15 Minuten zugedeckt schmoren, bis sie weich, aber nicht braun sind. Tomaten, Brühe, Salbei und die Bohnen dazugeben, mit Salz und Pfeffer würzen und ca. 45 Minuten köcheln lassen, bis die Bohnen weich werden und die Suppe anfängt, dick zu werden. Sahne und Essig einrühren, nochmals mit Salz und Pfeffer abschmekken. Petersilie fein hacken, Parmesan frisch reiben, einige TL von beiden auf die Suppe sprenkeln, heiß servieren.

PAPRIKA-TOMATENSUPPE

Foto

4 große, rote Paprikaschoten
½ l Tomatenpüree
3 EL Olivenöl
2 Knoblauchzehen, fein gehackt
¾ l Gemüsebrühe
Salz, Pfeffer
frisches Basilikum
Zitronenachtel

Die Paprikaschoten der Länge nach halbieren, entkernen, mit der Haut nach oben auf ein Backblech legen und bei Oberhitze grillen, bis die Haut schwarz wird und Blasen wirft. Herausnehmen, mit einem Tuch abdecken und abkühlen lassen, anschließend mit einem scharfen Messer die Haut abziehen.
Das Fleisch von 3 Paprikaschoten mit den Tomaten pürieren, die restliche Paprikaschote in feine Würfel schneiden. Das Olivenöl erhitzen und den Knoblauch 2 Minuten sanft darin braten. Die Paprika-Tomaten-Mischung und die Brühe einrühren, 15 Minuten köcheln lassen. Mit Salz und Pfeffer abschmecken. Basilikum fein hakken. Die Suppe auf Portionsteller verteilen und mit Basilikum verzieren. Zitronenachtel dazu reichen.

SPARGEL-MASCARPONE-SUPPE

Diese Suppe wird meistens im Frühling serviert, wenn der neue, wilde Spargel wächst und ganz Italien danach sucht. Die jungen Spargelstangen sind bleistiftdünn und dunkelgrün. Wir müssen grünen Spargel für diese Suppe verwenden.

800 g grüner Spargel
2 EL Butter
¾ l Gemüsebrühe
50 g Rundkorn-Naturreis
geriebene Muskatnuß
100 ml süße Sahne
125 g Mascarpone (Seite 13)
Kräutersalz, Pfeffer, Tabasco
1 großes Ei
3 EL geriebener Parmesan
1 Bund Schnittlauch, fein geschnitten

Spargel putzen: die Stangen biegen, bis sie an der Stelle brechen, wo der Stiel hart wird. Die Butter in einer Bratpfanne mit Deckel erhitzen. Den Spargel in der Butter wenden, zudecken und ca. 10 Minuten bei milder Hitze dünsten, bis er weich ist. Die Köpfe vorsichtig abschneiden, die Stiele quer in Scheiben schneiden.
In einem Topf die Brühe aufkochen, Spargelstiele und Reis einrühren und 30 Minuten köcheln lassen, bis der Reis weich und cremig ist. Mit einem Pürierstab die Suppe grob pürieren. Muskat, Sahne und Mascarpone einrühren, mit Salz, Pfeffer und Tabasco würzen. Das Ei mit dem Parmesan und etwas Suppe glatt schlagen, in die Suppe rühren, nicht mehr kochen. Die Spargelköpfe auf Servierteller verteilen, die heiße Suppe darüberlöffeln und mit Schnittlauch bestreuen.

WIRSINGSUPPE MIT SAHNE UND SAFRAN

Diese Suppe ist eine zarte Verwandte der französischen Zwiebelsuppe. Die Kombination von Safran und Sahne ist typisch für Norditalien

1 Kopf Wirsing ca. 750 g
50 g getrocknete Steinpilze
1 große Gemüsezwiebel
1 Knoblauchzehe
1 Prise Safran
200 ml süße Sahne
3 EL Olivenöl
1½ l Gemüsebrühe
1 TL Orgegano
Salz, Pfeffer
geriebene Muskatnuß
100 g Fontina-Käse, gerieben

Den Wirsing putzen und in feine Streifen schneiden. Die Steinpilze in ¼ l Wasser einweichen. Die Zwiebel in Ringe schneiden, den Knoblauch fein hacken. Den Safran in 1 TL Sahne einweichen. In einem Suppentopf das Öl erhitzen, Zwiebel und Knoblauch darin anschmoren, bis die Zwiebel weich und leicht gebräunt ist. Den Kohl dazugeben und durchschwitzen. Die Steinpilze aus dem Einweichwasser nehmen, kurz unter fließendem Wasser von Schmutz befreien und klein hacken. Das Einweichwasser durch ein Tuch in die Suppe laufen lassen, die Pilze dazugeben, mit der Brühe aufgießen und zum Kochen bringen. Auf kleinste Flamme zurückstellen und ½ Stunde zugedeckt köcheln lassen. Die restlichen Zutaten außer dem Fontina einrühren und nochmals 15 Minuten köcheln lassen. Abschmecken, auf Suppenteller verteilen und mit Fontina bestreuen, sofort servieren.

POLENTASUPPE MIT ROTEN BOHNEN

Eine kräftige, sättigende Suppe, ideal für den Winter.

100 g rote Bohnen
4 EL Olivenöl
2 mittelgroße Zwiebeln, fein gehackt
4–5 Salbeiblätter oder ½ TL getrockneter Salbei
3 Knoblauchzehen
1 kleine Möhre, fein gehackt
5 EL gehackte Petersilie
300 g Weißkohl, fein geraspelt
5 geschälte Tomaten
½ l Gemüsebrühe
Salz, Pfeffer
6 EL Polenta (Maisgrieß)
geriebener Parmesan

Die Bohnen über Nacht in kaltem Wasser oder 2 Stunden in heißem Wasser einweichen, abgießen, mit frischem Wasser aufsetzen, aufkochen und ca. 1½ Stunden köcheln lassen, bis sie weich sind. In einem Sieb abtropfen lassen, dabei das Kochwasser auffangen.
Das Olivenöl in einem Suppentopf erhitzen. Zwiebeln, Salbei, Knoblauch, Möhre und Petersilie darin anschwitzen. Den Kohl einrühren und 5 Minuten mitschmoren. Die Tomaten hacken und mit der Brühe dazugeben, aufkochen und 20 Minuten köcheln lassen. Mit Salz und Pfeffer abschmecken. Das Kochwasser von den Bohnen mit dem Maisgrieß klumpenfrei verrühren, in die köchelnde Suppe gießen und unter ständigem Rühren einkochen lassen, wenn nötig, Wasser dazugeben. 15 Minuten köcheln lassen. Die Bohnen einrühren, nochmals abschmecken. Heiß servieren. Den Parmesan separat dazu reichen.

WILDPILZSUPPE
Minestra di funghi selvatici

Steinpilze werden überall in Italien gesammelt, um daraus eine würzige Suppe herzustellen. Wir können in Deutschland auf eine Mischung aus Steinchampignons, Shiitake-Pilze, Austernseitlingen und getrockneten Steinpilzen ausweichen, um einen hervorragenden Geschmack zu erzielen.

50 g getrocknete Steinpilze
(italienische Spezialität)
1 mittelgroße Kartoffel
1 Möhre
1 Zwiebel
1 Schalotte
500 g gemischte Pilze
6 EL Olivenöl bester Qualität
1 l Gemüsebrühe
⅛ l süßer Vermouth
Kräutersalz
Pfeffer, Tabasco
3 EL feingehackte Blattpetersilie
frisch geriebener Parmesan

Die Steinpilze ½ Stunde in 1 Tasse Wasser einweichen. In dem Wasser leicht ausdrücken, unter fließendem Wasser kurz abbrausen, in Streifen schneiden. Das Einweichwasser durch ein Tuch seihen, um Sand und Schmutz zu entfernen.
Kartoffel, Möhre, Zwiebel und Schalotte schälen und fein würfeln. Die Mischpilze nur waschen, wenn sie mit viel Sand oder Erde behaftet sind, sonst nur abwischen an einem Küchentuch und die harten Stiele (bei Shiitake) oder die sandige Stielwurzel (bei Steinchampignons) abschneiden. In feine Scheiben schneiden. 3 EL Öl in einem Suppentopf erhitzen und das gehackte Gemüse darin anschwitzen. Die Brühe auf-gießen sowie die eingeweichten Steinpilze mit dem Einweichwasser 10 Minuten köcheln lassen. Die frischen Pilze portionsweise in dem restlichen Öl kurz anschmoren, dabei immer nur so viel in die Bratpfanne geben, daß die Pilze nicht aufeinanderliegen, weil sie sonst dampfen und weniger Geschmack entwickeln. Die noch relativ festen Pilzscheiben in die Suppe geben und 20 Minuten mitköcheln lassen. Mit Salz, Pfeffer und etwas Tabasco abschmecken. In Suppenteller geben und mit Petersilie bestreuen. Parmesan separat dazu reichen.

SUPPE VON VENUSMUSCHELN MIT THYMIAN
Zuppa di vongole

24 Venusmuscheln in der Schale, wenn erhältlich, oder 1 Glas (ca. 125 g) Venusmuscheln (Vongole) in Wasser (italienische Spezialität)
1 mittelgroße Zwiebel
4 schöne Außenstangen Bleichsellerie
2 Schalotten
2 Knoblauchzehen
1 Möhre
2 Lorbeerblätter
3 EL Olivenöl
½ l Brühe
¼ l trockener Weißwein
1 TL Oregano
1 TL Thymian
8 getrocknete Tomaten, wenn erhältlich (siehe Seite 13), sonst 4 EL Tomatenmark
¼ l süße Sahne
Salz, Pfeffer
Cayennepfeffer
frische Thymianblätter zum Verzieren

Einlage
1 kleine Möhre
1 helle Mittelstange Bleichsellerie
1 Bund Blattpetersilie
2 frische Tomaten

Frische Venusmuscheln gut schrubben, Muscheln aus dem Glas abtropfen lassen, die Flüssigkeit auffangen. Die Gemüse hacken und zusammen mit den Lorbeerblättern in einem Suppentopf in dem heißen Olivenöl kurz anschwitzen. Brühe und Wein aufgießen, 15 Minuten sanft kochen lassen. Frische Muscheln in den letzten 2 Minuten mitkochen. Die Suppe durch ein Tuch abseihen. Die Muscheln herausfischen, ungeöffnete Muscheln wegwerfen. Die Flüssigkeit aus dem Gemüse fest ausdrücken, Gemüse wegwerfen. Die restlichen Zutaten außer den Muscheln (aber mit der Flüssigkeit der Muscheln aus dem Glas) einrühren, leicht einkochen lassen und gut abschmecken.
Für die Einlage die Möhre grob reiben, Sellerie und Petersilie fein hacken, die Tomaten häuten, entkernen und würfeln. Mit den Muscheln in die Suppe geben, erwärmen aber nicht mehr kochen lassen. Sofort heiß servieren, mit Thymianblättern verziert.

PASTA UND PIZZA

Viva la pasta integrale!

Denn Pasta ist die Lieblingsspeise der Kinder, Wonne der Gourmets, wahrscheinlich die beliebteste Speise der Welt. Nudeln in ihrer unbegrenzten Vielfalt erscheinen auf den Tischen rund um die Erde. Jede Kultur hat ihre eigenen, schmackhaften Pasta-Rezepte, aber niemand beherrscht ihre Zubereitung so gut wie die Italiener. Wie schade, daß so viele Deutsche nur Spaghetti mit Tomatensoße kennen!

Und wie schade, wenn sie dazu noch den alten Glauben hegen, Nudeln seien ungesunde »Dickmacher«, eine Billigspeise, die von vernünftigen Menschen gemieden werden sollten. Neueste wissenschaftliche Untersuchungen in Amerika haben nämlich ergeben, daß Nudeln, besonders die ballaststoffreichen Vollkornnudeln, sogar einen wichtigen Beitrag zur Gesundheit leisten.

Es gibt inzwischen in Deutschland Dutzende von Herstellern für Vollkornnudeln, allerdings mit sehr unterschiedlicher Produktqualität. Wenn Ihnen die braunen Nudeln aus Ihrem Supermarkt nicht schmecken, probieren Sie die italienischen Vollkornnudeln, die in den Bioläden zu bekommen sind, oder die verschiedenen Deutschen »Bio«-Nudeln mit Kräutern, Spinat und anderen Zutaten. Hiermit können Sie kulinarische Nudelfreuden ohne Reue genießen!

Pizza, neben Pasta ohne Frage das beliebteste italienische Gericht der Welt, muß kein fetttriefender ungesunder Leckerbissen sein. Aus Vollkornmehl hergestellt, gelingt Pizza nicht nur knusprig, sondern auch kernig und köstlich im Geschmack. Lesen Sie auf Seite 58 mehr dazu.

SIZILIANISCHE PASTA

250 g Tagliatelle oder Tagliolini
(feine Bandnudeln)
6 Tomaten, gehäutet
1 Knoblauchzehe, zerdrückt
4 EL Olivenöl
1 EL Kapern, abgetropft
50 g schwarze Oliven ohne
Steine, gehackt
4 Sardellenfilets, Salz
abgewaschen, fein gehackt
1 Bund Blattpetersilie,
gehackt
Cayennepfeffer oder
1 scharfe Chilischote, gehackt

Die Nudeln in reichlich Salzwasser bißfest kochen. Die Tomaten grob hacken. Zusammen mit dem Knoblauch in dem heißen Olivenöl dünsten, bis der Saft etwas eingekocht ist. Mit den abgetropften Nudeln und den restlichen Zutaten vermischen. Sofort heiß servieren.

MACCHERONI IN ZWIEBELSOSSE
Pasta con cipolle

Zwiebelsoße

5 EL Olivenöl
1 kg Zwiebeln, am besten rote
1 scharfe Peperoni
1 TL Kräutersalz
½ TL schwarze Pfefferkörner,
grob gestoßen
1 Bund Petersilie

500 g Vollkorn-Maccheroni
geriebener Parmesan

Das Olivenöl in einer großen Pfanne erhitzen. Zwiebeln und Peperoni zugedeckt 20 Minuten darin schmoren, gelegentlich umrühren. Aufdecken, weitere 10 Minuten schmoren und bräunen lassen. Salz, Pfeffer und Petersilie einrühren.

Inzwischen die Nudeln in reichlich Salzwasser bißfest garen, abgießen und sofort mit der Soße vermischen. Abschmecken und sofort servieren. Den Parmesan separat dazu reichen.

MACCHERONI MIT GARTENGEMÜSEN

Im Sommer kann man durchaus zu heißer Pasta eine rohe, knackige Soße servieren wie diesen Insalata del giardino: frisches Gemüse, fein gewürfelt, mit nichts weiter als Salz, Pfeffer und einem fruchtigen Olivenöl.

500 g dicke Maccheroni, Penne
oder andere kräftige Nudeln
1 kg frisches Gemüse, fein
gewürfelt, zum Beispiel:
1 kleine Zucchini
½ rote Zwiebel
1 Stück Gurke
2 Tomaten, 1 Möhre
1 Knoblauchzehe, gehackt, wenn
Sie möchten
1 Bund Basilikum, in Streifen
geschnittem
6 EL bestes Olivenöl
Kräutersalz
schwarzer Pfeffer aus der Mühle
Fenchelkörner

Die Pasta in reichlich Salzwasser bißfest kochen, abgießen. Die Gemüse inzwischen klein hacken und zusammen mit Knoblauch, Basilikum und dem Öl verrühren. Die heiße Pasta mit dem Gemüse mischen, abschmecken und sofort servieren. Pfeffer und zusätzliches Öl dazu reichen.

HINWEIS

Einige geröstete Pinienkerne obenauf streuen, das schmeckt sehr gut dazu.

SPAGHETTI MIT ZUCCHINI

1 kg Zucchini
2 EL Salz
250 g Vollkorn-Spaghetti
⅛ l Olivenöl
4 Knoblauchzehen, fein gehackt
2 Bund frisches Basilikum
(wenn erhältlich) oder
1 gehäufter TL getrocknetes
Basilikum
Pfeffer
geriebener Parmesan

Die Zucchini waschen (aber nicht schälen!) und auf einer groben Reibe raffeln. Mit dem Salz mischen und 10 Minuten ziehen lassen. Inzwischen die Nudeln in reichlich Salzwasser bißfest kochen. Die Zucchini auf ein Küchentuch schütten und über der Spüle auswringen.
Das Olivenöl in einer großen Bratpfanne erhitzen. Die jetzt trockenen Zucchinistreifen und den Knoblauch darin 4–5 Minuten goldgelb braten, Basilikum einrühren und noch 1 Minute mitbraten. Sofort über die Spaghetti geben und mischen. Mit Pfeffer und Parmesan servieren.

HINWEIS

Sie können diesem Gericht noch mehr Farbe und Biß verleihen, wenn Sie 1–2 Möhren grob reiben und kurz (1 Minute) mit den Zucchini mitbraten.

SPIRELLI MIT FRISCHER TOMATENSOSSE

Tomatensoße
4 große, reife Fleischtomaten
1 Bund frisches Basilikum
2 Knoblauchzehen
Kräutersalz, schwarzer Pfeffer
1 TL Oregano
6–8 EL Olivenöl

250 g Vollkorn-Spirelli
(Spiralnudeln)
100 g frischer Mozzarella
(ca. 1 Kugel)

Einen Topf mit reichlich Salzwasser aufsetzen. Die Tomaten waschen, 15 Sekunden in das kochende Wasser tauchen, herausnehmen, unter kaltem Wasser abschrecken, die Haut abziehen und in 1 cm große Würfel schneiden. Die Basilikumblätter hacken, die Knoblauchzehen zu Mus zerdrücken. Zusammen mit den Tomaten, Kräutersalz, Pfeffer und dem Oregano mischen, in eine Schüssel geben und mit dem Olivenöl bedecken. Einige Stunden durchziehen lassen, damit Saft austreten und der Geschmack sich entwickeln kann.
Kurz vor dem Essen die Nudeln in reichlich Salzwasser bißfest kochen, den Käse grob raffeln. Wenn die Nudeln gar sind, abgießen, mit der Tomatensoße und dem Käse mischen und sofort heiß servieren.

SPIRELLI MIT MANGOLDSOSSE

500 g Vollkorn-Spirelli
(Spiralnudeln)
1 EL Olivenöl

Mangoldsoße
150 g Zwiebel
150 g Mangoldblätter (Stiele für ein anderes Rezept aufheben)
3 EL Olivenöl
3 Lorbeerblätter
1 Knoblauchzehe, zerdrückt
200 ml süße Sahne
Kräutersalz
Tabasco

geriebener Parmesan
schwarzer Pfeffer aus der Mühle

Die Nudeln in reichlich Salzwasser bißfest kochen, abgießen, mit 1 EL Olivenöl mischen und warm halten.
Inzwischen die Zwiebel in Ringe schneiden und in dem restlichen Olivenöl schmoren, bis sie weich und leicht gebräunt ist. Die Mangoldblätter in feine Streifen schneiden, zu den Zwiebeln geben und kurz mitschmoren. Lorbeerblätter und Knoblauch dazugeben, die Sahne aufgießen und zum Kochen bringen, 5 Minuten köcheln lassen. Etwas Wasser aufgießen, wenn die Masse zu schnell eindickt. Die Lorbeerblätter entfernen. Die Masse mit einem Pürierstab zu einer dicklichen Soße pürieren, bei Bedarf mit Wasser oder Brühe bis zur gewünschten Konsistenz verdünnen. Mit Salz und Tabasco abschmecken. Mit den Nudeln vermischen, nochmals abschmecken und sofort heiß servieren. Dazu Parmesan und die Pfeffermühle reichen.

SPIRELLI MIT BROKKOLI UND KNOBLAUCH

250 g Spirelli (Spiralnudeln)
Salz
⅛–¼ l Olivenöl
6–8 Knoblauchzehen, in feine Längsstreifen geschnitten
1 kg Brokkoli, die Röschen sehr kurz abgeschnitten
und in Scheiben geschnitten, die Stiele geschält
und in feine Querscheiben geschnitten
Kräutersalz,
frisch gemahlener schwarzer Pfeffer
geriebener Parmesan

Die Nudeln in reichlich Salzwasser bißfest kochen, abgießen, warm halten.
In einer großen Bratpfanne das Öl erhitzen und die Knoblauchstreifen darin 2–3 Minuten goldgelb anbraten. Den Brokkoli dazugeben und unter ständigem Wenden 3 Minuten braten, bis er dunkelgrün geworden und noch knackig ist, aber gar. Mit den gekochten Nudeln mischen, mit Salz und Pfeffer abschmecken und sofort servieren. Den Parmesan separat dazureichen.

HINWEIS
Als Beilage sind rohe Tomatenscheiben sehr schön. Sie können auch Streifen von roter Paprika mit dem Brokkoli mitbraten.

FETTUCCINE MIT RÄUCHERLACHS   Foto

4 EL Butter
1 Schalotte, fein gehackt
2 EL Vecchia Romano oder Weinbrand
50 ml süße Sahne
1 Prise Cayennepfeffer
250 g geräucherter Lachs
500 g Fettuccine (Bandnudeln)
Salz
1 Bund Blattpetersilie, gehackt

Die Butter schmelzen und die Schalotte darin weich dünsten. Cognac oder Weinbrand einrühren und einkochen, bis nur ein paar TL bleiben. Sahne und Cayennepfeffer einrühren. Den Lachs in feine Streifen schneiden und dazugeben, vom Herd nehmen.
Die Nudeln in reichlich Salzwasser bißfest kochen, abgießen und sofort mit der Soße mischen. Mit Petersilie bestreuen und servieren.

FETTUCCINE MIT BUNTEN GEMÜSESTREIFEN   Foto

Etwas aufwendig,
aber wunderhübsch!

250 g Dinkel- oder Weizen-Fettuccine (Bandnudeln)
Salz
2 Möhren, 1 Lauchstange
1 große Zucchini
1 rote und 1 grüne Paprikaschote
2 TL Butter
100 ml würziger Weißwein
100 ml süße Sahne
1 TL Estragon
1 Bund frisches Basilikum
2 TL Kräutersalz

Die Nudeln in reichlich Salzwasser bißfest kochen, abtropfen.

Inzwischen die Möhren gut waschen, aber nicht schälen, mit einem Sparschäler lange Späne abschneiden (Haut wie auch das Fleisch). Die Lauchstange längs halbieren, gut waschen, in Längsstreifen schneiden und quer in Stücke schneiden, so lang wie die Möhrenstreifen. Zucchini und Paprikaschoten in sehr dünne Längsstreifen schneiden. Die Gemüsestreifen in der Butter sehr kurz anschwitzen, den Wein aufgießen und rasch einkochen. Sahne und Kräuter dazugeben und nochmals leicht einkochen. Salzen. Sofort zu den Nudeln servieren.

FETTUCCINE ALLA GENOVESE   Foto

100 g Pinienkerne
500 g frischer Spinat, geputzt, gewaschen in Streifen geschnitten
200 ml süße Sahne
50 g Rosinen
Salz, schwarzer Pfeffer
Saft von 1 Zitrone
500 g Fettuccine (Bandnudeln)

Die Pinienkerne in einer trokkenen Pfanne kurz rösten, bis sie leicht gebräunt sind. Beiseite stellen. Den Spinat tropfnaß in die Pfanne geben und bei milder Hitze zusammenfallen lassen. Mit der Sahne aufgießen, die Rosinen einrühren und kurz einkochen.
Die Fettuccine in reichlich Salzwasser bißfest kochen, abtropfen, zum Spinat geben und mit Salz und Pfeffer abschmecken. Die Pinienkerne unterheben, mit Zitronensaft besprenkeln und sofort heiß servieren.

FETTUCCINE MIT RÄUCHERKÄSE UND PINIENKERNEN

50–100 g Pinienkerne
250 g Vollkorn-Fettuccine
(Bandnudeln)
3 EL Butter
2 rote Zwiebeln, fein gehackt
200 g geräucherter Mozzarella
oder anderer, mildgeräucherter
Käse (als Alternative 200 g
geräucherter Tofu besser als ein
minderwertiger Räucherkäse!)
⅛ l Bouillon
¼ TL geriebene Muskatnuß
1 Bund Schnittlauch, fein gehackt
Kräutersalz, schwarzer Pfeffer
aus der Mühle

Die Pinienkerne auf einem Backblech im Ofen bei 200 °C oder in einer Bratpfanne ohne Fett unter ständigem Rühren vorsichtig rösten, sie werden sehr schnell schwarz (Sie dürfen sich nicht einmal umdrehen dabei, sonst sind sie bereits verkohlt!). Beiseite stellen. Die Nudeln in reichlich Salzwasser bißfest kochen, abgießen, warm halten.

Während die Nudeln kochen, die Butter in einer Bratpfanne schmelzen und die Zwiebeln darin anrösten. Den Käse grob reiben oder den Tofu in feine Würfel schneiden. Die Bouillon auf die Zwiebeln gießen, Käse oder Tofu dazugeben und kurz erhitzen, bis der Käse anfängt zu schmelzen. Über die heißen Nudeln geben und umrühren. Mit Muskat und Schnittlauch, Salz und Pfeffer würzen, die Pinienkerne unterheben und sofort servieren.

FETTUCCINE MIT SPINAT UND TOMATEN

500 g frischer Spinat, geputzt,
gründlich gewaschen und
entstielt
500 g Tomaten, gehäutet
2 Knoblauchzehen
8 EL Olivenöl
1 TL Salz
schwarzer Pfeffer
Kräutersalz, Oregano
500 g Fettuccine (Bandnudeln),
bißfest gekocht
geriebener Parmesan

Den Spinat abtropfen lassen und in Streifen schneiden. Die Tomaten ebenfalls in Streifen schneiden und dabei entkernen. Den Knoblauch in sehr feine Streifen schneiden. Das Olivenöl in einer großen Bratpfanne erhitzen und den Knoblauch darin goldgelb braten. Den Spinat dazugeben und mit Pfeffer und 1 TL Salz würzen, rühren, bis der Spinat leicht welkt und zusammenfällt. Die Tomatenstreifen einrühren, die Hitze auf kleinste Stufe zurückschalten und ca. 20 Minuten köcheln lassen, bis sich das Öl wieder absetzt.

Die Nudeln in reichlich Salzwasser bißfest kochen, abtropfen lassen und sofort mit der Soße mischen. Abschmecken. Den Parmesan separat servieren.

FETTUCCINE MIT SPARGEL IN WEIN-SAHNE-SOSSE

Spargel in Wein-Sahne-Soße
500 g dünner, grüner Spargel
Salz
2 Schalotten
2 EL Olivenöl
⅛ l trockener Weißwein
⅛ l süße Sahne
1 unbehandelte Orange
weißer Pfeffer

1 Zitrone
500 g Vollkorn-Fettuccine
(Bandnudeln)

Die harten Ende der Spargelstangen abbrechen und wegwerfen. Den Spargel in Salzwasser knapp gar kochen, kalt abschrecken, die Köpfe ca. 3 cm lang abschneiden, die Stiele in 1 cm breite Querscheiben schneiden, beiseite stellen. Die Schalotten fein hacken und in dem heißen Öl andünsten, bis sie weich sind. Mit dem Wein aufgießen und auf die Hälfte einkochen. Die Sahne aufgießen und nochmals leicht einkochen, vom Herd nehmen. Die Spargelstiele einrühren. Die Schale von ½ Orange fein abschälen und in feine Streifen schneiden, mit dem Saft der ganzen Orange zur Soße geben. Mit Salz und Pfeffer delikat abschmecken.

Die Zitrone in Achtel schneiden. Die Nudeln in reichlich Salzwasser bißfest kochen, abtropfen und sofort mit der Soße mischen. Die Spargelköpfe vorsichtig unterheben, nochmals abschmecken. Sofort heiß servieren. Die Zitronenachteln separat dazureichen, sie werden über den heißen Nudeln ausgepreßt.

STIFTNUDELN IN PARMESAN UND BRÖSELN

250 g Stiftnudeln oder in kurze
Stücke gebrochene Spaghetti
4 EL Butter oder Olivenöl
1 Knoblauchzehe
1 Zwiebel, in feine Halbringe
geschnitten
2 TL getrocknetes Basilikum
1 TL Kräutersalz
50 g Parmesan, frisch gerieben
50 g Vollkorn-Semmelbrösel
frische Petersilie, gehackt
Tabasco

Die Nudeln in reichlich Salzwasser sehr kurz kochen, abgießen. In einer großen Bratpfanne Butter oder Olivenöl erhitzen. Knoblauch und Zwiebel langsam darin braten, bis die Zwiebel weich ist. Die abgetropften Nudeln dazugeben und langsam bei häufigem Rühren kroß braten. Basilikum, Salz, Parmesan und Brösel einrühren und weiterbraten bis alles leicht gebräunt ist. Mit Petersilie bestreuen, einige Tropfen Tabasco darübersprenkeln und sofort heiß servieren.
Dazu eine cremige Gemüsebeilage reichen, z. B. Rahmspinat.

HINWEIS
Wenn Sie den Geschmack mögen, könnten Sie gehackte Anchovisfilets zusammen mit dem Parmesan dazugeben und kurz mitschmoren.

BUCHWEIZEN-HÖRNCHEN MIT SPINAT UND KÄSE

1 kg frischer Blattspinat
10 Schalotten oder 2 Zwiebeln
3 EL Butter
100 ml süße Sahne
125 g Fontina-Käse
(ersatzweise Gouda), grob
geraffelt
100 g Parmesan, frisch gerieben
250 g Buchweizen-
Hörnchennudeln
Salz, Kräutersalz
grober schwarzer Pfeffer
Tabasco

Den Spinat gründlich waschen, grobe Stiele entfernen, tropfnass in einen Topf geben und bei mittlerer Hitze zusammenfallen lasen. Abtropfen lassen und in Streifen schneiden. Die Schalotten schälen und längs vierteln oder achteln, in der erhitzten Butter weich dünsten. Die Sahne dazugießen und beiseite stellen. Fontina und Parmesan zu den Schalotten geben.
Die Nudeln in reichlich Salzwasser bißfest kochen, abtropfen. Den Spinat und die Schalotten-Käse-Mischung unter die Nudeln ziehen. Mit Kräutersalz und Pfeffer abschmecken.

HINWEIS
Sie können auch Schafkäse anstelle von Fontina und Parmesan verwenden. Und wer mag, kann mit dem Käse etwa 100 g streifig geschnittenen Rinderschinken zu den Schalotten geben.

FUSILLI MIT JUNGEN DICKEN BOHNEN

200 g Vollkorn-Semmelbrösel
Kräutersalz, Pfeffer
3 Knoblauchzehen
⅛ l Olivenöl
500 g Fusilli oder Sedanini
(kurze, dicke Maccheroni)
½ TL getrockneter Rosmarin,
zerrieben,
oder 1 EL frischer Rosmarin, fein
geschnitten
½ TL Thymian
500 g kleine, junge, möglichst
frische dicke Bohnen
¼ l Brühe

Die Semmelbrösel in einer trockenen Bratpfanne bei ständigem Rühren rösten, bis sie leicht gebräunt sind. Mit Salz, Pfeffer und 1 zerdrückten Knoblauchzehe vermischen, mit 3 EL Olivenöl besprenkeln, beiseite stellen.
Die Nudeln in einem großen Topf in reichlich Salzwasser bißfest kochen, abgießen und sofort mit dem restlichen Öl, Salz, Pfeffer, Rosmarin, Thymian und den durchgepreßten beiden Knoblauchzehen vermischen. Die Bohnen ebenfalls in reichlich Wasser (ohne Salz!) gar kochen, abgießen und mit den Nudeln vermischen. In eine flache Auflaufform geben, die Brühe aufgießen, die Brösel darauf verteilen und ca. 20 Minuten auf der obersten Schiene des vorgeheizten Backofens bei 180 °C backen.

KRÄUTERNUDELN MIT PILZSOSSE

Da die Kräuternudeln einen kräftigen Eigengeschmack besitzen, sollte man sie möglichst pur, nur mit einer schönen Soße wie dieser, servieren. Dadurch kommt der Kräutergeschmack besser zur Geltung!

Pilzsoße

250 g rosa Champignons
(Steinchampignons)
oder Austernseitlinge,
nur ersatzweise weiße
Champignons
5 Schalotten oder
1 mittelgroße Zwiebel
4 EL Butter oder Olivenöl
2 EL Steinpilz-Soßenpulver
(Bioladen), ersatzweise
Grünkernmehl
⅛ l Weißwein
⅛ l Wasser
1 TL Majoran
½ TL Estragon
1 Knoblauchzehe, zerdrückt
flüssige Sahne, wenn erwünscht
Kräutersalz, Pfeffer

250 g Kräuter-Fettuccine
(Bandnudeln)
2 EL Butter

Die Champignons kurz unter fließendem Wasser abbrausen, nicht im Wasser liegen lassen! Abtropfen, im Küchentuch abtrocknen. Wurzelenden wegschneiden, Köpfe in dicke Scheiben schneiden. Die Schalotten schälen und längs vierteln. Butter oder Olivenöl in einer großen Bratpfanne erhitzen, Pilze und Schalotten darin braten, bis sie etwas gebräunt sind, nicht weich kochen. Soßenpulver, Wein und Wasser verrühren und über die Pilze gießen, die Kräuter dazugeben und kurz einkochen lassen.

Wenn erwünscht, mit etwas Sahne verfeinern. Mit Salz und Pfeffer abschmecken.
Die Kräuternudeln in reichlich Salzwasser bißfest kochen, abgießen, abtropfen lassen und mit der Butter mischen. Sofort mit der Pilzsoße servieren.

PASTA PEPERONATA   Foto

Peperonata

4 Knoblauchzehen, fein gehackt
1 große, rote Zwiebel, fein
gehackt
6 EL Olivenöl
4 rote Paprikaschoten,
entkernt, in 1 cm breite Streifen
geschnitten
8 EL Rotweinessig
6 kleine Tomaten,
gehäutet, gewürfelt
Salz, Pfeffer, Oregano

250 g Vollkorn-Fettuccine
(Bandnudeln)
1 Bund Petersilie, fein gehackt

Knoblauch und Zwiebel in einer großen Bratpfanne in dem heißen Öl anbraten. Nach 2–3 Minuten die Paprikastreifen dazugeben und langsam schmoren, bis sie weich und leicht gebräunt sind. Essig und Tomatenwürfel dazugeben und leicht einkochen lassen. Würzen und abschmecken.
Die Nudeln in reichlich Salzwasser bißfest kochen, abtropfen und mit der Paprikasoße mischen. Mit Petersilie bestreuen und heiß servieren.

HINWEIS

Je nach Wunsch können Sie auch 2 TL abgetropfte Kapern in die Soße geben.

LASAGNEBLÄTTER   Foto
IN CHILI-TAPENADE

Chili-Tapenade
(Oliven-Pesto)

250 g schwarze, getrocknete
Oliven
1 Knoblauchzehe
1 frische rote Chilischote
2 Schalotten
4 EL gehackte Blattpetersilie
½ TL Thymian
1 TL Rotweinessig
4 EL Olivenöl
Kräutersalz

1 Zitrone
8 Lasagneblätter
(ca. 150 g Trockengewicht)

Die Oliven entsteinen, den
Knoblauch schälen. Die Chilischote entkernen, die weißen
Innenfasern entfernen. Schalotten schälen, Petersilie entstielen. Alles sehr fein hacken. Thymian, Essig und Öl dazugeben,
vermischen, abschmecken und,
wenn nötig, mit Salz nachwür-
zen.
Die Zitrone in Achtel schneiden. Die Lasagneblätter in
reichlich Salzwasser gar kochen, abgießen, auf 4 Teller geben und die Olivensoße darüber verteilen. Mit den Zitronenachteln servieren.

LASAGNE MIT RICOTTA-FÜLLUNG
Lasagne stufata al forno

Dieses Rezept ist für 8–10 Personen berechnet. Es lohnt sich nicht, Lasagne für weniger Leute zuzubereiten. Die Arbeit ist zeitaufwendig, aber das Ergebnis ist diese Mühe wert.

---
2 EL Salz
---
1 EL Olivenöl
---
1 Paket (500 g)
Vollkorn-Lasagneblätter

Käsesoße
---
100 g Weizenvollkornmehl
---
2 TL gekörnte Brühe (wenn
nötig)
---
100 ml Milch oder süße Sahne
---
100 g geriebener Käse
(Parmesan oder eine Mischung
aus Parmesan und Gouda)
reichlich geriebene Muskatnuß
und Pfeffer

Tomatensoße
---
3 mittelgroße Zwiebeln
---
2 Knoblauchzehen
---
4 EL Olivenöl
---
3 EL Tomatenmark
---
500 g geschälte Tomaten (auch
Dosenware)
---
1 EL Oregano
---
2 TL Basilikum
---
2 TL Kräutersalz

Füllung
---
500 g Ricotta
---
1 TL Kräutersalz
---
1 TL Fenchelkörner
---
2 EL gehackte Blattpetersilie

3–4 Liter Wasser mit dem Salz zum Kochen bringen, 1 EL Olivenöl einrühren (damit die Nudeln nicht aneinanderkleben). Die Lasagneblätter einzeln in das Wasser gleiten lassen und warten, bis jedes einzelne Blatt welkt, bevor das nächste hineinkommt. Nur ⅓ oder ½ der Nudeln nach diesem Verfahren auf einmal kochen. Ca. 6–8 Minuten kochen, sie sollen noch nicht ganz gar sein. Neben dem Topf auf einer großen Arbeitsfläche feuchte Küchentücher ausbreiten. Die Nudelblätter mit einem Schaumlöffel herausfischen und nebeneinander auf die Tücher legen. alle Nudeln nach und nach in dem Wasser kochen, zwischendurch Wasser zugießen, damit die Nudeln immer in reichlich Wasser kochen.

Für die Käsesoße das Mehl in ½ l Nudelkochwasser mit einem Schneebesen einrühren. Geschmacksprobe machen: Wenn das Wasser nicht zu salzig ist, die gekörnte Brühe einrühren. Mit einem Teil der Milch oder Sahne zu soßiger Konsistenz verdünnen. Den Käse einrühren, mit Muskat und Pfeffer abschmecken, beiseite stellen.

Für die Tomatensoße die Zwiebeln und Knoblauch fein hakken und in dem heißen Öl weich dünsten. Das Tomatenmark einrühren und kurz mitdünsten. Die Tomaten dazugeben und, wenn frische Tomaten verwendet werden, ¼ l Wasser aufgießen, einkochen, anschließend pürieren. Kräuter und Salz einrühren, abschmecken.

Für die Füllung den Ricotta mit den Gewürzen anrühren.

Eine flache, ofenfeste Form von 4 Litern Inhalt mit Butter ausfetten, Lasagneblätter nebeneinander als erste Schicht auf den Boden legen. Darüber eine dünne Schicht Tomatensoße verteilen. Eine zweite und dritte Schicht Nudeln – immer mit Tomatensoße dazwischen – in die Form füllen. Jetzt die Ricottafüllung gleichmäßig auf den Nudeln verteilen, mit 1–2 weiteren Schichten Nudeln und Tomatensoße bedecken. Obendrauf die Käsesoße verteilen. Die Form in den vorgeheizten Ofen geben und bei 180 °C ca. 30 Minuten backen, bis die Oberfläche leicht gebräunt ist. 10 Minuten ruhen lassen, in Rechtecke schneiden und sofort, vielleicht mit einem grünen Gemüse, servieren.

HINWEIS

Als Ersatz für Ricotta können Sie 400 g Schichtkäse nehmen, der in einem Tuch mehrere Stunden abgetropft, ausgepreßt und mit 2 Eiern vermischt wird.

LASAGNEBLÄTTER MIT ANCHOVIS UND PARMESAN

---
8 Vollkorn-Lasagneblätter
(ca. 150 g Trockengewicht)

Salz
---
125 g Butter
---
8 Anchovisfilets in Öl
(aus der Dose), fein gehackt
---
1 Knoblauchzehe zerdrückt
---
100 g Parmesan, frisch gerieben
schwarzer Pfeffer, grob gemahlen

Die Lasagneblätter in reichlich Salzwasser garen. Währenddessen die Butter schmelzen, Anchovisfilets und Knoblauch darin schmoren, dabei umrühren, bis die Anchovis schmelzen und der Knoblauch weich wird. Die Lasagneblätter abgießen, abtropfen, sofort mit der Anchovissoße mischen. In eine Gratinform füllen, mit Parmesan und Pfeffer bestreuen und sehr kurz unter dem Grill leicht bräunen. Sofort heiß servieren.

TAGLIATELLE MIT BLUMENKOHL IN ZWEI-PFEFFER-SOSSE

Blumenkohl in Zwei-Pfeffer-Soße

1½ kg Blumenkohl

4 Knoblauchzehen

1 große Gemüsezwiebel

6 frische Eiertomaten oder

1 kleine Dose italienischer Tomaten

1 Bund Blattpetersilie

8 EL Olivenöl

2 TL Kräutersalz

1 TL schwarze Pfefferkörner, grob gemahlen

2 TL rosa Pfefferkörner, zerstoßen

50 g Parmesan, frisch gerieben

500 g Tagliatelle (schmale Bandnudeln)

2 EL gekörnte Brühe

Den Blumenkohl putzen und in kleine Röschen zerteilen. Die Knoblauchzehen trennen, aber nicht schälen. Die Zwiebel vierteln und in dünne Scheiben schneiden. Die Tomaten hacken, die Petersilie fein hacken.

4 EL Öl in einer großen Bratpfanne erhitzen, den Blumenkohl hineingeben, den Knoblauch durch eine Presse dazudrücken und ca. 10 Minuten unter öfterem Rühren braten, bis die Kohlröschen leicht gebräunt sind. Herausnehmen, beiseite stellen. Die Zwiebeln und das restliche Öl in die Pfanne geben und in ca. 10 Minuten weich braten. Die Tomaten einrühren, anschwitzen, mit dem Salz und den beiden Pfeffersorten pikant abschmecken. Den Blumenkohl dazugeben und 5 Minuten zusammen schmoren lassen.

Die Nudeln mit der Brühe in reichlich kochendes Wasser geben, bißfest kochen, abgießen und eine Kaffeetasse Kochwasser aufheben. Die Nudeln mit dem Gemüse mischen und abschmecken. Wenn das Ganze zu trocken ist, etwas Kochwasser einrühren. Nochmals abschmecken, in eine Servierschüssel geben und mit der Petersilie und Parmesan bestreuen.

NUDELAUFLAUF MIT BUNTEN GEMÜSEN

250 g Vollkorn-Hörnchennudeln

Salz

500 g gemischtes Gemüse: 1 rote Paprikaschote, 1–2 Möhren,

1 Zucchini, 1 Zwiebel,

1 Lauchstange (oder durch andere Gemüsesorten ersetzen, auf möglichst bunte Farbe achten)

Butter oder Olivenöl für die Form und zum Dünsten

1 Bund Persilie

1 Knoblauchzehe

2 TL Kräutersalz

1 TL Basilikum

2 TL Oregano

schwarzer Pfeffer

3–4 Eier

100 ml süße Sahne

50 g Parmesan, möglichst frisch gerieben

100 g Fontina-Käse, frisch gerieben

½ TL geriebene Muskatnuß

Die Nudeln in reichlich Salzwasser bißfest kochen, gut abtropfen.

Gemüse in grobe Stücke schneiden: Paprika in 3 cm grße Stücke, Möhren in 1 cm dicke Scheiben, Zucchini in 2 cm dikke Scheiben, Zwiebel grob hakken, Lauch (mit Grün) in 2 cm breite Ringe schneiden. Die Gemüse in etwas Butter kurz an-

dünsten, sehr knackig lassen, nur 2–3 Minuten erhitzen. Petersilie fein hacken, Knoblauch zu Mus zerdrücken, beide mit den Kräutern und Gewürzen zum Gemüse geben und alles mit den Nudeln vermengen. In eine flache, gefettete Gratin- oder Auflaufform geben.

Eier, Sahne, Parmesan und ⅔ des Fontina mischen, mit Muskat würzen und über die Nudeln gießen. ½ Stunde bei 180 °C im vorgeheizten Ofen backen, bis der Guß gestockt ist. Den restlichen Käse darüberstreuen und nochmals 10 Minuten backen, bis die Oberfläche leicht gebräunt ist. Heiß, warm oder bei Zimmertemperatur servieren.

▷ Peperonata (Seite 54), Tomaten- oder Kräutersoße (Seite 85) dazu reichen.

PIZZA

Als ich anfing, Vollwertkost für meine Familie zu kochen, hatte ich Glück: Mein Mann und meine Kinder waren bis auf wenige Ausnahmen mit den neuen Speisen zufrieden. Zu diesen Ausnahmen gehörte Pizza. Wir liebten sie alle vom Italiener, knusprig, saftig, mit dem nach nichts schmeckenden Boden, und alle, ich mitgezählt, fanden meine hausgemachte Vollkornpizza einen Flop. Egal, was ich machte, meine Pizzas schmeckten wie Brot mit Käse. Der Teigboden war immer zu weich und labbrig, er wurde einfach nicht knusprig. Ich habe mit Ofentemperatur und Teigzutaten experimentiert, habe Böden aus Hefeteig und Quark-Öl-Teig, Böden mit Käse und mit Nüssen im Teig ausprobiert, aber immer blieb das befriedigende Ergebnis aus. Ich war schon fast verzweifelt.

Erst als ich in Italien lebte und dort beobachtete, wie die Italiener Pizza machten, wurde mir klar, daß ein guter Pizzaboden nie und nimmer mit unserem deutschen Weichweizenmehl gebacken werden kann. Die Italiener nehmen für Pizzaböden nur »Semolina«, einen Grieß aus Hartweizen, der auch für die gute Qualität der italienischen Nudeln sorgt. Hartweizen besitzt viel mehr Klebereiweiß als unser Weizen, kann daher viel leichter ausgerollt werden und ergibt einen dünneren Boden, ohne zu reißen. Wenn er gebakken wird, wird dieser Boden knusprig, auch wenn er aus Vollkornmehl (besser gesagt, Vollkorngrieß) zubereitet wird, denn Hartweizen – wie auch Grünkern oder Reis – wird nicht flockig oder pudrig beim Mahlen.

Das Semolina, das man in Italien kaufen kann, ist blaß, gelblich-weiß und überhaupt nicht aus dem vollen Korn. Man kann aber Vollkorn-Hartweizengrieß

in der Haushaltsmühle herstellen. Hartweizen ist auch nicht so schwierig zu bekommen. Jeder Bioladen kann ihn von dem sogenannten »Regional-Verteiler« bestellen (der Bio-Großhandel in den verschiedenen Gebieten Deutschlands ist über solche Verteiler organisiert, und auch die österreichischen und Schweizer Läden können bei zentralen Verteilern bestellen). Wer wirklich gute Nudeln, Brot, Pizza oder Gnocchi herstellen will, sollte versuchen, diesen Weizen zu finden.

Nachdem mein Problem des Mehls gelöst war, suchte ich nach einer Lösung für das zweite Problem: den Ofen. Ein richtiger Pizzaofen ist aus Stein und glühend heiß, damit die Pizza schnell backt und knusprig wird. Im normalen Haushaltsofen kriegt man die Temperatur einfach nicht so hin. Ich habe es mit einem alten Trick aus der Bäckerei versucht und habe einen großen Schamottstein in den Ofen gelegt, der viel Hitze speichert und lange abgibt, auch wenn der Ofen ausgeschaltet wird. Aber einen Schamottstein zu kaufen, nur um gelegentlich gute Pizzas backen zu können, schien mir unsinnig. Und als ich dann in Italien ohne Ofen war, kam mir die Pizza-Erleuchtung: Anstelle von einem Hefe- oder Quark-Öl-Teig habe ich einen ganz einfachen Backpulverteig geknetet, dünn ausgerollt und kurzerhand in einer Bratpfanne gebacken. Das Ergebnis war perfekt: ein Boden, der in Minuten hergestellt werden konnte, in Minuten ausgebacken war und der wunderbar schmeckte.

Seitdem bereite ich Pizza fast so oft wie Kartoffeln zu, habe alle Varianten vom Italiener durchprobiert und auch einige neue Sorten (siehe Rezepte) »erfunden«, die das Pizzabacken zu einem richtigen Vergnügen machen. Pizza von Beginn bis Ende in 20 Minuten – und danach lecker, außergewöhnlich und auch noch gesund!

PIZZABODEN FÜR BARBARA BÖTTNERS SUPERPIZZA!

150 g Hartweizen-Vollkorngrieß, frisch gemahlen
1 TL Kräutersalz
1 TL Backpulver
2 EL Olivenöl
6–7 EL Wasser
Öl zum Braten

Alle Zutaten mischen und 100mal (ca. 5 Minuten) auf einer leicht bemehlten Arbeitsfläche kneten (so wenig zusätzliches Mehl wie möglich in den Teig hineinarbeiten). Eine Kugel formen und 15 Minuten zugedeckt ruhen lassen. Anschließend in vier gleiche Teile teilen und jedes Viertel zu einem sehr dünnen Kreis ausrollen. Eine passende Bratpfanne mit Deckel mit 1 Teelöffel Olivenöl auspinseln. Den Teigkreis in die Pfanne legen und zugedeckt ca. 3 Minuten bei mittlerer Hitze braten. Den Deckel abnehmen und den Belag auf der Pizza verteilen, Käse darübergeben und wieder zudecken. Nochmals 2–3 Minuten braten, bis der Pizzaboden anfängt, leicht zu bräunen und der Käse schmilzt. Sofort heiß servieren!

HINWEIS

Sie können die Pizzas natürlich auch im Ofen backen, aber ich finde, sie werden dort manchmal zu trocken. Wenn Sie einen Grill haben, können Sie die belegten Pizzas darunter kurz überbacken.

PIZZA MIT FRÜHLINGSZWIEBELN UND OLIVEN

1 Rezept Pizzaboden (links)

Belag
20 Frühlingszwiebeln
3 Lorbeerblätter
½ TL Oregano
5 EL Olivenöl
Salz, Pfeffer
100 g schwarze Oliven
100 g Provolone oder Mozzarella

Die Zwiebeln quer in Ringe schneiden und zusammen mit Lorbeer und Oregano in dem Öl langsam weich schmoren, das dauert ca. 15 Minuten. Mit Salz und Pfeffer abschmecken. Die Oliven entsteinen und grob hacken, den Käse grob reiben. Das Gemüse auf den vorgebackenen Böden verteilen und mit Oliven und Käse belegen, zudecken, Käse schmelzen lassen.

DREI-KÄSE-PIZZA

1 Rezept Pizzaboden (links)

Belag
200 g Fontina
200 g Provolone
50 g Gorgonzola

Die Käsesorten hobeln bzw. würfeln und gleichmäßig auf den vorgebackenen Pizzaböden verteilen, zudecken, Käse schmelzen lassen.

PIZZA MARGHERITA
Pizza mit Tomaten und Käse

Pizzabeläge kennen, wie Sie aus italienischen Pizza-Restaurants wissen, keine Grenzen. Dies ist ein Grundrezept, das versucht, die wichtigsten Regeln dieser Kunst zu vermitteln.

1 Rezept Pizzaboden (links)

Belag
Ca. ¼ l Tomatensoße, am besten frisch gemacht (Seite 85),
oder 200 g Tomaten, gehäutet, entkernt, gehackt, und
1 mittelgroße Zwiebel, gehackt und in 1 EL Olivenöl weich gebraten
Salz, Pfeffer
1 TL Oregano
200 g frischer Mozzarella, grob gerieben
2 EL Olivenöl
1 EL geriebener Parmesan

Die Tomatensoße kochen oder aus den rohen Tomatenwürfeln mit den gebratenen Zwiebeln zubereiten. Auf den vorgebackenen Pizzaböden verteilen und mit Salz, Pfeffer und Oregano bestreuen. Den Mozzarella darauf verteilen, mit Olivenöl besprenkeln und den Parmesan darübergeben.

HINWEIS

Diesen Belag können Sie mit gebratenen Paprikastreifen, schwarzen Oliven, Peperoni oder mit Salami, Schinken, Kapern, Sardellen, mit allem, was Sie gern dazu hätten, variieren. Wichtig ist nur, daß die Belagzutaten zueinander passen!

PIZZA MIT FRISCHEN GEMÜSEN

Meine Spezialität beim Pizza-backen ist es, Gemüsebeläge zu »erfinden«. Das erste Gemü-se, das ich auf Pizza ausprobier-te, war Fenchel, der vom Vortag übrig blieb. Ich habe die Reste mit einigen Oliven und etwas Käse ergänzt und gebacken. Das Ergebnis war köstlich, und Gemüsepizzen gehören seit-dem zu meinem Repertoire. Am besten geeignet sind zarte Ge-müse wie Frühlingszwiebeln, Spinat, Mangold oder Zucchini. Aber auch festes Gemüse schmeckt, wenn es vorher kurz gedünstet wird, sehr gut. Das Gemüse soll klein geschnitten, interessant gewürzt und dann auf dem vorgebackenen Boden verteilt werden. Wichtig ist, daß der Belag nicht zu feucht ist, damit der Boden nicht aufge-weicht wird.

VORSCHLÄGE

▷ Lauch, mit Pinienkernen und Ricotta gemischt, mit Fontina gebacken.
▷ Zucchini mit sonnengetrock-neten Tomaten, frischem Ba-silikum und Mozzarella.
▷ Brokkoli mit roter Paprika-schote und Zitrone.
▷ Möhren mit Zwiebeln und Gorgonzola.

PIZZA MIT BLUMENKOHL UND TOMATENMARK

1 Rezept Pizzaboden (Seite 60)

Belag
500 g Blumenkohl, die Röschen in Scheiben geschnitten
1 Knoblauchzehe, gehackt
2 TL frischer Rosmarin, gehackt
4 EL Tomatenmark
6 EL Olivenöl
Salz, Pfeffer
100 g Fontina-Käse

Blumenkohl, Knoblauch und Rosmarin mit dem Tomaten-mark mischen und langsam in dem Öl weich schmoren, das dauert ca. 20 Minuten. Mit Salz und Pfeffer würzen und auf den Pizzaböden verteilen. Den Käse reiben und darüberstreu-en.

MANGOLD-PIZZA Foto Seite 59

1 Rezept Pizzaboden (Seite 60)

Belag
1 kg Mangold, grüne Blätter von den Stielen streifen, Stiele für ein anderes Gericht verwenden
2 mittelgroße Zwiebeln
1 Knoblauchzehe
5 EL Olivenöl
1 hartgekochtes Ei
1 TL grüne Pfefferkörner (in Salzlake) oder 10 grüne, gefüllte Oliven
6 EL Mascarpone oder Crème fraîche
Salz, Pfeffer
2 EL geriebener Parmesan

Die Mangoldblätter waschen und in Streifen, die Zwiebeln in Ringe schneiden, den Knob-lauch hacken. Zwiebeln und Knoblauch in dem Öl schmo-ren, bis die Zwiebeln weich und gebräunt sind. Den Man-gold dazugeben und langsam weich schmoren. Auf den vor-gebackenen Böden verteilen. Das Ei in Scheiben schneiden, die Oliven halbieren oder hak-ken. Ei und Pfefferkörner oder Oliven auf dem Mangold ver-teilen. Den Mascarpone mit den restlichen Zutaten mischen und löffelweise auf den Böden verteilen.

GEMÜSE

Wie in jeder anderen Landesküche gibt es in der italienischen »Cucina« besondere Arten, Gemüse zuzubereiten. Die Italiener haben eine Vorliebe für Gebratenes, und sehr häufig werden Gemüse in etwas Brühe oder Wasser vorgegart und dann, zusammen mit Zwiebeln, Hülsenfrüchten oder anderen Zutaten in Olivenöl gebraten. Das Resultat ist himmlisch! Aber in der Vollwertküche ist man besonders vorsichtig beim Garen und versucht, das »Totkochen« zu vermeiden. Daher Gemüse immer knapp kochen und braten und lieber mit mehr »Biß« servieren.

Auch die Frage des Öls ist von großer Bedeutung: Meine Rezepte empfehlen oft 5–6 EL Olivenöl. Ich bin mir aber durchaus bewußt, daß viele Köche vor dieser Menge an Fett zurückschrecken, auch kenne ich die Behauptung, in kaltgepreßtem Öl solle man nicht braten. Ich genieße Olivenöl und Butter und bin der Überzeugung, daß Übergewicht und ungünstige Blutbilder mehr mit dem übermäßigen Verzehr von Fleisch, Weißmehl und Zucker zu tun haben als mit dem Genuß natürlicher, traditioneller Fette. Italiener, die insgesamt viel weniger Fleisch und viel mehr Gemüse verzehren als wir Deutschen, leiden viel seltener an Übergewicht, obwohl oder vielleicht weil sie Olivenöl reichlich verwenden. Dennoch, wenn Sie aus gesundheitlichen Bedenken aus Sparsamkeit oder Geschmacksgründen die Ölmengen in den Rezepten dieses Buches reduzieren wollen, sollten Sie es unbedingt tun. Die Gerichte werden genauso schmackhaft sein!

Am Ende dieses Kapitels finden Sie eine Reihe von Soßen, die zu Gemüsegerichten besonders gut passen.

WEISSER UND GRÜNER SPARGEL IN PARMESAN
Vorspeise oder Gemüsegericht

Dieses Rezept ist ein klassisches Beispiel aus der italienischen Küche, in dem alle Vorzüge dieser Cuisine vereinbart sind: schnell, einfach und köstlich!

12 Stangen grüner Spargel
12 Stangen weißer Spargel
1–2 TL Kräutersalz
5 EL Olivenöl
100 g Parmesan, frisch gerieben
schwarzer Pfeffer aus der Mühle
1 Zitrone

Den grünen Spargel am Ende des Stiels sanft durchbiegen, bis das harte Teil abbricht, nicht schälen, nur waschen. Weißen Spargel gründlich schälen und auf die gleiche Länge schneiden wie den grünen. Die Spargelstangen, wenn möglich, stehend garen (in einem hohen Spargeltopf mit Einsatz, dabei stehen die »Füße« im Kochwasser, die »Köpfe« garen im Dampf). Ansonsten wie üblich, aber getrennt in wenig Salzwasser garen, dafür das Kräutersalz verwenden.
In einer Bratpfanne das Olivenöl erwärmen. Die Spargelstangen abtropfen und kurz vor dem Servieren in dem heißen Öl nochmals erhitzen, mit dem Parmesan bestreuen und vorsichtig wenden. Sofort servieren; pro Person 3 weiße und 3 grüne Stangen. Mit Öl und Käse aus der Pfanne begießen und mit schwarzem Pfeffer bestreuen. Die Zitrone vierteln, entkernen und separat dazu reichen.

GRÜNE BOHNEN IN BASILIKUMSOSSE
Beilage

500 g grüne Bohnen, Salz
2 EL Olivenöl
1 Knoblauchzehe
½ TL Kräutersalz
2 EL Basilikum-Pesto (im Glas in italienischen Geschäften)
süße Sahne (oder Joghurt, wenn erwünscht)

Die Bohnen putzen und in wenig Salzwasser knapp gar kochen, bis das Wasser verdampft ist. In einer Bratpfanne das Öl erhitzen, Knoblauch und die Bohnen langsam darin schmoren, bis sie leicht Farbe annehmen. Kräutersalz, Pesto, etwas Wasser und die Sahne oder Joghurt zu einer Soße verrühren, zu den Bohnen geben und leicht erwärmen (Joghurt nicht stark erhitzen, sonst gerinnt er). Sofort servieren.

SCHWARZWURZELN PARMIGIANO
Vorspeise oder Gemüsegericht

1 kg Schwarzwurzeln
Salz, 1 Zitrone
2 EL Butter
100 ml süße Sahne
geriebene Muskatnuß
weißer Pfeffer
1 Bund Blattpetersilie
50 g Parmesan, frisch gerieben
50 g Semmelbrösel

Die Schwarzwurzeln schälen, halbieren und in reichlich Salzwasser mit dem Saft von ½ Zitrone bißfest kochen. Abgießen. Die Butter in einer Pfanne schmelzen, die Schwarzwurzeln dazugeben und die Butter leicht bräunen lassen. Sahne, Muskat, ein wenig Salz und Pfeffer dazugeben, abschmecken. Die Petersilie fein hacken und zusammen mit dem Parmesan dazugeben. Sofort warm servieren oder kalt als Vorspeise anbieten. Die zweite Hälfte der Zitrone in Spalten schneiden und dazu reichen.

HINWEIS
Das Gericht nicht lange stehen lassen, Schwarzwurzeln verfärben sich und sehen dann nicht mehr so appetitlich aus.

KLASSISCHER ITALIENISCHER SPINAT
Beilage oder Vorspeise

1 kg frischer Spinat
5 EL Olivenöl
1–2 Knoblauchzehen
Kräutersalz, weißer Pfeffer
geriebene Muskatnuß
50 g Parmesan oder Pecorino, frisch gerieben

Den Spinat putzen, harte Stiele entfernen und gründlich waschen. Tropfnaß in einen Topf geben, zudecken und kurz aufwallen lassen, die Blätter sollen eben zusammenfallen. Sofort aus dem Topf nehmen, in einem Sieb abkühlen lassen.
Das Öl in einer großen Bratpfanne erhitzen, den Knoblauch durch eine Presse hineindrücken und den Spinat sofort dazugeben. Mit Kräutersalz, Pfeffer und Muskat würzen, unter häufigem Wenden braten, bis der Spinat heiß und recht trocken geworden ist. Auf einen Servierteller geben, Parmesan oder Pecorino darüberstreuen oder separat dazu reichen, heiß servieren. Als Vorspeise kalt anbieten.

BROKKOLI UND ROTE PAPRIKA IN FENCHELÖL
Beilage oder Vorspeise

500 g Brokkoliröschen (je nach
Qualität bis 1,5 kg ungeputzte
Ware – Stiele für Suppe oder
Mousse aufbewahren), Salz
6 EL Olivenöl
1 EL Fenchelkörner, gebrochen
2 rote Paprikaschoten, in
fingerdicke Streifen geschnitten
1 Knoblauchzehe, gehackt
1 Prise Cayennepfeffer
Kräutersalz, Pfeffer
2 Zitronen, in Achtel geschnitten

Die Brokkoliröschen in Salzwasser 2–3 Minuten blanchieren, abgießen, mit kaltem Wasser abschrecken, abtropfen. Das Olivenöl in einer Bratpfanne erhitzen, die Fenchelkörner darin rösten, bis sie anfangen zu bräunen. Paprika und Knoblauch dazugeben und 5–10 Minuten bei mäßiger Hitze braten, dabei öfter wenden. Den Brokkoli dazugeben, mit Cayenne, Kräutersalz und Pfeffer abschmecken, warm (als Beilage) oder kalt (als Vorspeise mit Crostini, Seite 16) servieren. Dazu die Zitronenachtel reichen.

BROKKOLISTIELE MIT ROTEN ZWIEBELN
Beilage oder Vorspeise

Stiele von ca. 1½ kg Brokkoli
500 g rote Zwiebeln
1 Knoblauchzehe
4 EL Olivenöl
1 TL Oregano
50 g Vollkorn-Semmelbrösel
Kräutersalz
3 EL Balsamico-Essig

Die Stiele schälen und in 1 cm breite Querscheiben schneiden. Die Zwiebel ebenfalls schälen und in dicke Ringe schneiden. Den Knoblauch fein hacken. Das Olivenöl in einer Bratpfanne erhitzen und die Brokkolistiele darin 5 Minuten anschwitzen. Zwiebelringe, Knoblauch und Oregano dazugeben und langsam schmoren, bis die Brokkolistiele bißfest sind, das dauert ca. 10 Minuten. Die Semmelbrösel einrühren und leicht bräunen lassen, mit Kräutersalz abschmecken. Vom Herd nehmen, mit Essig beträufeln und sofort heiß servieren.

GESCHMORTER CHICORÉE MIT KNOBLAUCH
Vorspeise oder Gemüsegericht

Die Italiener haben eine bestimmte Radicchiosorte, lang und dünn, die sie für dieses Gericht verwenden. Ich habe diesen Radicchio nie in Deutschland gesehen, habe aber festgestellt, daß Chicorée, so zubereitet, unglaublich gut schmeckt. Die Ölmenge können Sie natürlich reduzieren.

6 Chicorée
6 Knoblauchzehen
Salz
schwarzer Pfeffer aus der Mühle
⅛ l Olivenöl
3 EL Balsamico-Essig, wenn
erwünscht

Chicorée putzen und längs halbieren und den bitteren Keil herausschneiden. Die Knoblauchzehen schälen. In eine große Bratpfanne oder eine flache, ofenfeste Form die Chicoréehälften mit der Schnittseite nach oben nebeneinander legen, den Knoblauch dazwischen verteilen. Mit reichlich Salz und Pfeffer bestreuen, die Hälfte des Öls darüber verteilen und entweder auf dem Herd bei mäßiger Hitze oder im vorgeheizten Ofen auf der mittleren Schiene mit Oberhitze ca. 10 Minuten schmoren oder rösten. Die Chicoréehälften umdrehen, das restliche Öl darübergeben und nochmals 5–6 Minuten rösten. Mit Essig beträufeln. Heiß, warm oder kalt servieren.

GESCHMORTES BASILIKUMGEMÜSE
Beilage oder Gemüsegericht

1 Fenchelknolle, ca. 300 g
2 Zucchini, ca. 300 g
2 mittelgroße Zwiebeln
200 g Champignons
2 kleine Möhren
5 EL Olivenöl
1 kleine Dose Tomaten
1 gehäuften EL gehacktes
Basilikum
1 Knoblauchzehe, fein gehackt
1 TL Kräutersalz
3 EL Mascarpone oder
Crème fraîche
1 Zitrone
1 Bund Blattpetersilie

Alle Gemüse putzen, in dicke Scheiben schneiden und langsam in dem Olivenöl schmoren, gelegentlich umrühren, bis alles gar, aber noch bißfest ist. Die Tomaten dazugeben und weiterschmoren, bis der Saft verdampft ist. Basilikum, Knoblauch, Salz und Mascarpone einrühren und abschmecken. Die Zitrone achteln, die Petersilie fein hacken. Die Petersilie über das Gemüse verteilen und die Zitronenspalten separat servieren.

GRÜNE BOHNEN Foto
IN PIKANTER
TOMATENSOSSE
Gemüsegericht

Man kann dieses Rezept mit Dosentomaten zubereiten. Aber mit frischen Bohnen und reifen, süßen Tomaten ist es im Hochsommer ein richtiges Festessen.

750 g grüne Bohnen
1 TL Kräutersalz
4 EL Olivenöl
2 Knoblauchzehen, fein gehackt
100 g Zwiebel (1 mittelgroße), gehackt
500 g reife Tomaten
Pfeffer und Tabasco, wenn erwünscht
1 Bund frisches Basilikum

Die Bohnen putzen und in eine Bratpfanne geben. Mit dem Kräutersalz bestreuen und mit ⅛ l Wasser knapp zudecken, kochen, bis das Wasser verdampft ist. Aus der Pfanne nehmen und abtropfen. Das Öl in die Pfanne geben, Knoblauch und Zwiebel darin leicht bräunen, die Bohnen zurückgeben und alles zusammen 5 Minuten schmoren.
Inzwischen die Tomaten kurz in kochendes Wasser tauchen, häuten, halbieren, die Kerne herauspressen und das Tomatenfleisch hacken. Zu den Bohnen geben und zum Kochen bringen. Köcheln lassen, bis die Soße anfängt, dick zu werden. Mit Salz (wenn nötig), Pfeffer und Tabasco würzen. Das Basilikum in Streifen schneiden, in die Soße einrühren und nochmals abschmecken. Heiß servieren.

PILZE IN
KNOBLAUCHCREME
Beilage

Ein Rezept für Menschen, die nur mit anderen Knoblauchessern zu tun haben – ein sündhaft gutes Gericht.

1 kg Cremechampignons

Knoblauchcreme
1 kleine, mehlige Kartoffel
1 Gemüsezwiebel
1 ganze Knoblauchknolle
6 EL Olivenöl
100 ml süße Sahne
⅛ l Wasser
1 TL Kräutersalz, Pfeffer
1 TL Oregano
½ TL Estragon

Champignons unter fließendem Wasser abbrausen. Die Stiele herausschneiden, putzen und klein hacken. Die Kappen mit der Höhlung nach oben nebeneinander in eine feuerfeste Form legen.
Die Kartoffeln schälen, grob hacken und in wenig Wasser weich kochen, das Wasser dabei wegdampfen lassen. Inzwischen die Zwiebel schälen und grob hacken. Die Knoblauchknolle in Zehen teilen, schälen, mit der Zwiebel und den gehackten Pilzstielen in einen kleinen Topf geben. Mit dem Öl begießen und ½ Stunde bei niedriger Hitze weich schmoren, ohne daß sie bräunen. Die Kartoffel dazugeben und Sahne und Wasser aufgießen. Mit einem Pürierstab Zwiebel, Kartoffel, Knoblauch und Pilzstiele zu einer cremigen Soße schlagen, wenn nötig, zusätzlich mit einigen TL Wasser verdünnen, um eine dickflüssige Soße zu bekommen. Mit Salz, Pfeffer und den Kräutern abschmecken.

Die Soße über die Champignonköpfe löffeln, dabei die Höhlung ausfüllen, und im vorgeheizten Ofen bei 180 °C ca. 30 Minuten backen, bis die Pilzköpfe weich sind. Heiß servieren.

BROKKOLI MIT Foto
SCHWARZEN OLIVEN
UND FONTINA-KÄSE
Beilage oder Gemüsegericht

1–1½ kg Brokkoli
⅛ l trockener Weißwein
1 TL Kräutersalz
Pfeffer
1 TL Oregano
100 ml süße Sahne
100 g schwarze, italienische Oliven
100 g Fontina-Käse (oder ähnlicher Käse, z. B. Appenzeller oder Gruyere), grob gerieben

Den Brokkoli putzen, die Köpfe von den Stielen kurz abschneiden, die Stiele schälen und in dünne Querscheiben schneiden. ½ l Wasser zum Kochen bringen, die Stiele darin bißfest garen. Erst dann die Brokkoliköpfe dazugeben, zudecken und knackig-gar kochen, das dauert noch ca. 5 Minuten. Das Gemüse herausnehmen, Weißwein in das Kochwasser gießen und auf ⅛ l einkochen lassen. Kräutersalz, Pfeffer, Oregano und Sahne einrühren und nochmals leicht einkochen lassen. Oliven und Brokkoli einrühren. Kurz vor dem Servieren den Käse bis auf ein paar Eßlöffel einrühren und gerade schmelzen lassen. Auf einem Servierteller anrichten und mit dem restlichen Käse bestreuen. Heiß servieren.

MÖHREN
MIT KASTANIEN
Gemüsegericht

Im Piemont gibt es ausgedehnte Kastanienwälder. Es gehört zum herbstlichen Brauch, mindestens einmal einen Familienausflug in die Berge zu machen zum Kastaniensuchen. Für die Bergbewohner sind die Kastanien ein Grundnahrungsmittel – für Mensch und Vieh. Möhren mit Kastanien ist ein herrliches Rezept für den Menschen!

20 große Kastanien, entweder
roh oder schon geröstet
500 g Möhren
½ l Gemüsebrühe
⅛ l Weißwein
1 TL Kräutersalz
4 EL Olivenöl oder Butter
schwarzer Pfeffer, 1 Zitrone

Rohe Kastanien mit einem scharfen Messer einritzen, in kaltem Wasser aufsetzen, aufkochen, abgießen, die Schale entfernen und die Kastanien in einer trockenen Pfanne bei milder Hitze rösten, bis die Innenhaut sich abschälen läßt. Geröstete Maroni sofort heiß schälen, bevor Sie nach Hause kommen! Die Möhren putzen, in etwa kastaniengroße Stücke schneiden und in der Brühe mit dem Wein halbgar kochen. Die Kastanien dazugeben und weiterkochen, bis Möhren und Kastanien gar, aber nicht zu weich oder zerfallen sind. Die Flüssigkeit ist dann bis auf ein paar Teelöffel weggekocht. Kräutersalz, Olivenöl und Pfeffer dazugeben und 5 Minuten schmoren lassen, bis das Gericht leicht gebräunt ist. Heiß servieren. Die Zitrone in Spalten separat dazu reichen.

MÖHREN
IN BALSAMICO-SOSSE
Beilage oder Vorspeise

750 g Möhren
1 TL Kräutersalz
3 EL Olivenöl
2 Knoblauchzehen
1 TL Oregano
5 EL Balsamico-Essig
Tabasco, wenn erwünscht
Pfeffer, Salz, wenn nötig
2–3 EL gehackte Blattpetersilie

Die Möhren putzen und längs in Stifte schneiden. In eine nicht zu kleine Bratpfanne geben (sie sollten richtig in die Pfanne passen, damit alle gleichzeitig gar werden), das Kräutersalz darüberstreuen, mit Wasser zudecken und ohne Deckel unter gelegentlichem Rühren kochen, bis das Wasser verdampft ist und die Möhren bißfest sind. Kurz aus der Pfanne nehmen. Das Olivenöl eingießen, die Knoblauchzehen schälen und sanft in Öl braten, etwa 2–3 Minuten. Die Möhrenstifte und Oregano dazugeben und 5 Minuten weiterschmoren, bis die Möhren leicht gebräunt sind. Den Essig dazugeben, vermischen und mit Tabasco, Pfeffer und Salz abschmekken. Vom Herd nehmen und die Petersilie untermischen. Servieren. Schmeckt heiß oder kalt gut!

HINWEIS
Diese Methode des Kochens mit anschließendem Braten wird auch in dem folgendem Rezept verwendet. Dort wird allerdings die süß-saure Würze ersetzt durch den cremigen Geschmack des Käses.

MÖHREN
IN GORGONZOLACREME
Gemüsegericht

500 g Möhren
2 EL Olivenöl
1 TL Kräutersalz
3–5 EL Mascarpone (oder Crème
fraîche oder saure Sahne)
125 g milder Gorgonzola
schwarzer Pfeffer
1 kleiner Kopf Radicchio

Die Möhren putzen und in 1 cm breite Scheiben oder in Stifte schneiden. In ¼ l Wasser mit dem Öl und Salz in einer Bratpfanne aufsetzen und ohne Deckel kochen, bis die Möhren knackig-gar sind und das Wasser verdampft ist. 2–3 Minuten in dem Öl, das noch in der Pfanne zurückgeblieben ist, weiterbraten. Mascarpone und Gorgonzola miteinander cremig rühren, über die noch heißen Möhren geben und mit reichlich schwarzem Pfeffer würzen. Den Radicchio waschen, in 1 cm breite Streifen schneiden und auf einem Servierteller anrichten. Die Möhren darübergeben und heiß servieren.

LÖWENZAHNGEMÜSE
MIT ZWIEBELN
IN SAHNE
Gemüsegericht

Die Italiener haben eine große Vorliebe für leicht bitteres Gemüse, das sie auch wegen seines gesundheitlichen Wertes hoch schätzen. Endivien-Verwandte (Zicchoria) in Dutzenden von Variationen werden als Salat oder Gemüse genossen. Der Löwenzahn in diesem Rezept ist nicht unser hiesiger, wildwachsender Löwenzahn, sondern eine Zuchtform, ca. 30 cm hoch, in vielen italienischen Läden hier in Deutschland zu finden. Sahne und Zwiebeln mildern den bitteren Geschmack leicht ab.

1 kg Löwenzahn
1 Gemüsezwiebel
6 EL Olivenöl
1 Knoblauchzehe
1 TL Oregano
200 ml süße Sahne
Kräutersalz
schwarzer Pfeffer
2–3 EL Rotweinessig oder Balsamico-Essig

Den Löwenzahn gründlich waschen, putzen und quer in 2–3 cm breite Streifen schneiden. Die Zwiebel schälen und in 1 cm breite Ringe schneiden. Das Olivenöl in einem großen Schmortopf erhitzen, den Knoblauch durch eine Presse hineindrücken, die Zwiebel hineingeben und bei milder Hitze ca. 10 Minuten schmoren, bis sie goldbraun und weich ist. Den Löwenzahn einrühren, mit den Zwiebeln mischen und anbraten. Die Sahne aufgießen, salzen, pfeffern und ca. 10 Minuten zugedeckt schmoren lassen, gelegentlich umrühren. Wenn der Löwenzahn zusammenfällt, aber noch Biß hat, vom Herd nehmen, nochmals abschmecken und mit etwas Essig beträufeln. Heiß servieren.
▷ Mit Kartoffeln oder Nudeln reichen.

GEBACKENER KÜRBIS MIT ROSMARIN
Beilage

Die Italiener essen gern Kürbis, aber nicht unseren Riesenkürbis, sondern viele verschiedene kleine Sorten mit recht harter Schale, die sich über den ganzen Winter gut lagern lassen. In den letzten Jahren sind einige von diesen Kürbissen auch auf unseren Märkten aufgetaucht, besonders in Bioläden, wo die Sorten Hokaido und Delikateß öfters zu finden sind. Das Fleisch ist fest, etwa wie das einer Möhre, und schmeckt auch süß wie Möhren. Folgendes Rezept hat meine Nachbarin in Italien gerne gekocht.

Ca. 1 kg Kürbisfleisch (den Kürbis mit einem schweren Messer aufbrechen, schälen und entkernen)
mehrere Zweige frischer Rosmarin oder 2 EL getrocknete Rosmarinnadeln (gemahlenen Rosmarin nicht verwenden)
5–6 EL Olivenöl
Salz, Pfeffer

Das Kürbisfleisch in Scheiben schneiden, ca. 2–3 cm dick. In eine flache Form schichten, und zwar abwechselnd mit Rosmarin und Olivenöl. Die Schichten mit Salz und Pfeffer würzen. ½ Stunde im vorgeheizten Ofen bei 180 °C zugedeckt garen. Garprobe machen und noch etwas länger im Ofen lassen, wenn das Fleisch noch hart ist – Kürbisse brauchen unterschiedliche Zeit zum Garen. Wenn das Fleisch weich wird, 10 Minuten ohne Deckel bräunen lassen. Heiß servieren.

WIRSING MIT FENCHEL
Gemüsegericht

Typisch italienisch in der Zubereitung ist dieses Kohlgericht. Es besitzt meine Lieblingsattribute: es ist schnell, es ist einfach und es schmeckt fantastisch!

1 mittelgroße Zwiebel
750 g Wirsing
1 EL Fenchelkörner (Kümmel oder Dillsamen, wenn Sie Fenchel nicht mögen)
4–5 EL Olivenöl oder Butter
⅛ l fruchtiger Weißwein
Salz, Pfeffer
Zitronenspalten

Die Zwiebel in Ringe schneiden. Den Wirsing putzen, äußerste Blätter entfernen, den Kohl in Streifen schneiden. Die Fenchelkörner in einer großen Bratpfanne trocken anrösten, bis sie sich leicht färben. Das Olivenöl dazugießen, Zwiebel einrühren und anschwitzen. Den Wirsing dazugeben und ebenfalls kurz anschwitzen. Mit Weißwein angießen, gut durchrühren, zudecken und 5 Minuten garen lassen, gelegentlich rühren. Den Deckel abnehmen und unter häufigem Rühren schmoren lassen, bis die Flüssigkeit verdampft und der Wirsing knackig-gar ist. Salzen, pfeffern und heiß servieren. Zitronenspalten dazu reichen.

HINWEIS
Wenn Sie kurz vor dem Servieren etwas Sahne einrühren, wird der Geschmack milder.

ZUCCHINI UND GELBE PAPRIKASCHOTEN
Beilage

Foto

Zitronen werden in Italien oft vom Baum im Garten gepflückt. Sie sind nicht behandelt, haben einen wunderbaren Duft und werden gelegentlich wie Gemüse verwendet. So in diesem Rezept:

3 mittelgroße Zucchini
1 große Gemüsezwiebel
2 gelbe Paprikaschoten
2 Knoblauchzehen
5 EL Olivenöl
1 unbehandelte Zitrone
1 TL Kräutersalz
schwarzer Pfeffer
2 Bund frisches Basilikum
Saft von ½ Zitrone
3 EL gehackte Blattpetersilie

Zucchini waschen, längs halbieren und in 1 cm breite Scheiben schneiden. Die Zwiebel wie eine Orange in 1 cm breite Spalten schneiden. Die Paprikaschoten putzen und ebenfalls in 1 cm breite Streifen schneiden. Den Knoblauch fein hakken. Das Olivenöl in einer großen Pfanne erhitzen und die Gemüse darin anschwitzen, wenn nötig nacheinander. Die Zitrone in sehr feine Querscheiben schneiden, entkernen, zum Gemüse geben und alles zusammen langsam schmoren, bis die Gemüse weich und leicht gebräunt sind. Vom Herd nehmen, Salz und Pfeffer einrühren und abschmecken. Das Basilikum in feine Streifen schneiden, in das Gemüse einrühren und mit dem Zitronensaft beträufeln. Auf einem Servierteller anrichten, mit der Petersilie bestreuen und, wenn erwünscht, mit zusätzlichem Olivenöl beträufeln. Servieren.

ROTE BETE IN ROTWEINESSIG MIT PARMESANKRUSTE
Beilage oder Vorspeise

750 g Rote Bete
Kräutersalz, Pfeffer
3 EL Rotweinessig
2 EL Olivenöl
100 g Parmesan, frisch gerieben

Die Roten Beten ungeschält ca. 40 Minuten in kochendem Wasser gar kochen. Unter fließendem Wasser die Häute abschälen, die Beten in Spalten schneiden und mit dem Essig und Öl im Kochtopf nochmals erwärmen. Auf einem feuerfesten Teller flach auslegen, mit dem Käse bestreuen und kurz unter dem Grill überbacken, bis der Käse anfängt zu bräunen. Sofort warm servieren.

ROTE ZWIEBELN MIT ORANGENSAFT   Foto
Beilage oder Vorspeise

Ich glaube, dies ist das beste Rezept in meiner Sammlung!

1 kg rote Zwiebeln, geschält,
in grobe Stücke geschnitten
5 EL Olivenöl
Kräutersalz
¼ l frischer Orangensaft
schwarzer Pfeffer
1 Bund Blattpetersilie,
gehackt

Zwiebeln und Olivenöl in einer Pfanne mischen, im Ofen oder auf dem Herd in ca. 20 Minuten weich backen. Mit Salz und Orangensaft verrühren, kurz erwärmen und vom Herd nehmen. Mit Pfeffer und Petersilie bestreuen. Heiß, warm oder kalt als pikante Beilage servieren.

MANGOLD ZWEIERLEI

Mangold ist eigentlich nicht *ein* Gemüse, sondern zwei. Die grünen Blätter sind zart und werden meistens wie Spinat zubereitet (siehe »Klassischer italienischer Spinat« auf Seite 64). Die Stiele dagegen sind fest und können wie Staudensellerie oder Cardi behandelt werden. Hier zwei Rezepte für einen großen Bund Mangold von 1,5–2 kg.

MANGOLDGRÜN MIT PINIENKERNEN
Beilage

Die grünen Blätter von ca. 1,5 kg
Mangold, von den harten
Stielen abgestreift, ca. 500 g
1 kleine, rote Zwiebel
2 EL Balsamico-Essig
3 EL Olivenöl
25 g Pinienkerne
Kräutersalz, Pfeffer

Die Blätter gründlich waschen und in Querstreifen schneiden. Die Zwiebel in Ringe schneiden, in einer kleinen Schüssel mit dem Essig mischen und stehen lassen. Das Öl in einer Bratpfanne erhitzen, die Pinienkerne darin goldbraun rösten, mit einem Lochlöffel herausschieben und beiseite stellen. Den Mangold tropfnaß in das Öl einrühren und bei milder Hitze ca. 10 Minuten unter häufigem Wenden schmoren, bis er weich ist. Vom Herd nehmen, mit den Pinienkernen mischen, salzen und pfeffern. Auf einem Servierteller anrichten, die Zwiebelringe darauf verteilen und den Essig über den Mangold träufeln. Heiß oder warm servieren.

MANGOLDSTIELE SIZILIANISCHE ART
Beilage oder Vorspeise

750–1000 g Mangoldstiele, die Blätter abgestreift
⅛ l Weißwein
⅛ l Brühe
2 TL Tomatenmark
20 g Rosinen
20 g Cashewkerne
3 EL Olivenöl
1 TL Oregano, Tabasco oder Chilipfeffer
Kräutersalz, Pfeffer
1 Knoblauchzehe, durchgepreßt
1 Bund Blattpetersilie

Den Mangold gut waschen und putzen und in 2 cm breite Querstreifen schneiden. In Weißwein und Brühe zum Kochen bringen, 5 Minuten zugedeckt und 10 Minuten ohne Deckel garen, öfters rühren. Tomatenmark und Rosinen einrühren und kurz mitkochen. Die Cashewkerne in dem Öl rösten, bis sie leicht gebräunt sind. Zusammen mit den restlichen Gewürzen zum Mangold geben, abschmecken. Die Petersilie hacken und dazugeben. Heiß oder bei Zimmertemperatur servieren.

MÖHREN IN ZITRONENSAHNE
Beilage

500 g Möhren
1 kleine, rote Zwiebel
3 EL Olivenöl, ⅛ l Wasser
1 TL Fenchelkörner
1 unbehandelte Zitrone
⅛ l süße Sahne
1 TL Kräutersalz

Möhren und Zwiebel putzen und in Querscheiben schneiden. Das Olivenöl in einer Brat-pfanne mit Deckel erhitzen, die Zwiebel darin leicht bräunen, die Möhren dazugeben und ca. 5 Minuten mitschmoren. Das Wasser aufgießen und ca. 10 Minuten zugedeckt bei milder Hitze garen. In der Zwischenzeit die Fenchelkörner in einem kleinen Topf trocken rösten, die Zitrone mit einem Sparschäler sehr dünn abschälen und Schale in feine Streifen schneiden. Den Deckel von der Pfanne abnehmen, Zitronenschale, Sahne und Salz einrühren und noch 5 Minuten leicht einkochen lassen. Die Fenchelkörner und den Saft der Zitrone einrühren und heiß servieren.

LAUCH, IN ORANGENSAFT UND SAHNE GEBACKEN
Beilage oder Vorspeise

2 kg Lauch (ungeputzt)
150 g süße Sahne
2 Orangen (1 unbehandelte)
Kräutersalz
Saft von ½ Zitrone

Den Lauch putzen, nur die weißen Teile verwenden, große Stangen halbieren. Die weißen Teile schräg in etwa 5 cm breite Stücke schneiden und in eine flache, ofenfeste Form legen. Die Sahne mit dem Saft von beiden Orangen mischen, mit Kräutersalz abschmecken. Die Schale von 1 Orange sehr dünn abschälen, in feine Streifen schneiden und zu der Sahne geben. Die Sahnemischung über den Lauch gießen und im vorgeheizten Ofen bei 200 °C ca. 25 Minuten backen, bis der Lauch weich und die Oberfläche leicht gebräunt ist. Mit dem Zitronensaft besprenkeln, heiß servieren oder bei Zimmertemperatur als Vorspeise.

FENCHEL MIT MINZE UND ZITRONE
Gemüsegericht

Noch ein Rezept, in dem Zitrone eine wichtige Rolle spielt. Durch die Sahne wird die Säure gemildert, die Kombination ist umwerfend gut!

1 kg Fenchel
¼ l Wasser
1 EL gekörnte Brühe
50 ml süße Sahne
Kräutersalz, weißer Pfeffer
1 Bund frische Minze
1 unbehandelte Zitrone
2–3 EL Olivenöl
1 Knoblauchzehe, gehackt

Den Fenchel putzen, Stiele und harte Außenblätter entfernen, Knollen vierteln oder achteln und zugedeckt in dem Wasser mit der gekörnten Brühe biß-fest kochen. Mit einem Schaumlöffel aus dem Kochwasser nehmen und abtropfen lassen. Das Kochwasser mit der Sahne auffüllen, mit Kräutersalz und Pfeffer abschmecken. Die Minze fein hacken, einige Blätter zum Verzieren ganz lassen. Die Zitrone sehr fein abschälen, die Schale in dünne Streifen schneiden. Die gehackten Minzeblätter und die Zitronenschale in die Soße rühren und beiseite stellen. Das Olivenöl in einer Bratpfanne erhitzen, Fenchel und Knoblauch darin kurz braten, bis sie leicht gebräunt sind. Die Sahnesoße darübergießen und leicht einkochen lassen. Auf einen Servierteller füllen, mit den Minzeblättern verzieren. Die Zitrone achteln, entkernen und dazu reichen.

SÜSSKARTOFFELKUCHEN
Gemüsegericht

Süßkartoffeln sind sehr beliebt in Italien und werden oft als Gemüsegang angeboten. Sie spielen nicht, wie bei uns die Kartoffeln, die Rolle eines Kohlenhydratspenders. Ihre Hauptrolle besteht in der Verwendung als sättigendes Gemüse. Dieser Süßkartoffelkuchen sieht besonders schön aus, wenn Mangold oder Spinat dazu seriviert wird.

1½ kg Süßkartoffeln
(die mit orangenem Fleisch)
8 EL Olivenöl
50 g Parmesan, gerieben
Salz, weißer Pfeffer

Die Kartoffeln schälen und quer in 1 cm dicke Scheiben schneiden. Eine Springform von 28 cm Durchmesser ausfetten und die Hälfte der Kartoffelscheiben schuppenartig auf dem Boden verteilen. 4 EL Öl darüberträufeln und mit 25 g Käse bestreuen, mit Salz und Pfeffer würzen. Die restlichen Kartoffelscheiben darauflegen und das restliche Öl und den Käse einfüllen. Mit einem Kreis aus Alufolie zudecken und fest zusammenpressen. Bei 200 °C ca. 30 Minuten im vorgeheizten Ofen backen. Die Alufolie entfernen und weitere 20–30 Minuten backen, bis die Oberfläche leicht gebräunt und knusprig ist. Den Springformring entfernen und den Kuchen auf einen Servierteller heben. Wie einen Kuchen schneiden und servieren. Wunderbar!

ZUCCHINI MIT WALNÜSSEN
Beilage oder Vorspeise

750 g Zucchini (3–4 Stück)
Salz
1 Knoblauchzehe
2 EL Olivenöl
1 EL Walnußöl, wenn erhältlich,
sonst noch 1 EL Olivenöl
50–100 g Walnußkerne
Kräutersalz
schwarzer Pfeffer aus der Mühle
Zitronenspalten

Zucchini gewaschen und ungeschält in 1 cm breite Scheiben schneiden, mit Salz bestreuen und ½ Stunde in einem Sieb »weinen« lassen (danach nehmen die Zucchini beim Braten weniger Öl auf). Abspülen, mit einem Küchentuch trockentupfen. Den Knoblauch fein hakken. Das Olivenöl in einer Bratpfanne erhitzen, zuerst Knoblauch, sofort danach die Walnußkerne einrühren und ca. 3 Minuten braten, vom Herd nehmen. Die Nüsse mit einem Lochlöffel herausheben und beiseite stellen. Die Pfanne wieder auf den Herd stellen und die Zucchinischeiben bei milder Hitze in 5 Minuten weich braten. Walnußöl und Walnußkerne einrühren, mit Kräutersalz und Pfeffer abschmecken und sofort warm servieren, Zitronenspalten separat dazu reichen. Oder als kalte Vorspeise anbieten.

MAISPLINSEN
Beilage

In Norditalien, wo Polenta das Grundnahrungsmittel ist, wird im Sommer der Mais gern auch als Gemüse gegessen. Er ist kein Süßmais, schmeckt aber sehr würzig. Hier ist mein Lieblingsrezept dafür (kann auch mit unserem deutschen Feldmais zubereitet werden).

6 frische Maiskolben
2 Eier, getrennt
2 EL Weizenvollkornmehl
1 TL Kräutersalz
1 TL Honig
reichlich schwarzer Pfeffer
aus der Mühle
½ TL zerstoßener Rosmarin
Butter oder Olivenöl zum
Ausbacken

Mit einem scharfen Messer die Maiskörner von zwei Kolben nicht zu dicht am Kolbenkern abschneiden. Von den anderen vier Kolben die Körner reihenweise in der Mitte einschneiden und mit dem Messerrücken aus den umgebenden Häuten drükken, d.h. das innere Fleisch und den Saft auskratzen, die Häute (sie sind meistens sehr zäh) weitestgehend an den Kolben zurücklassen. Diese Masse mit den Körnern mischen. Eigelb, Mehl und die Gewürze in einer Schüssel cremig schlagen und den Mais einrühren. Das Eiweiß steif schlagen und unterheben. Eßlöffelweise in Butter oder Öl als kleine Plinsen beidseitig ausbacken. Sofort servieren, vielleicht mit einer Tomatensoße (Seite 85).

MAISKOLBEN IN SCHARFER ROTER SOSSE
Beilage
Foto

Wer besonders zarten, frischen Mais bekommt, kann die Kolben ganz lassen, zum Abknabbern.

---

800 g frische, zarte Maiskolben
Salz

Scharfe rote Soße
2 kleine, rote Zwiebeln
1 rote Paprikaschote
4 EL Olivenöl
4 EL Rotweinessig
½ TL grob gebrochene schwarze
Pfefferkörner
⅛ l Brühe
(aus gekörnter Brühe)
100 g Butter
Kräutersalz, Cayennepfeffer

Die Maiskolben entblättern und putzen. Einen großen Topf mit Salzwasser zum Kochen aufsetzen.

Inzwischen Zwiebeln und Paprikaschote putzen und fein würfeln. Das Olivenöl in einem Soßentopf erhitzen, Paprika und Zwiebel darin anbraten. Essig, Pfeffer und Brühe dazugeben und ca. 10 Minuten köcheln lassen. Vom Herd nehmen, die Butter teelöffelweise mit einem Schneebesen einschlagen, damit die Soße cremig-dicklich wird. Mit Salz und Cayennepfeffer pikant abschmecken.

Den Mais in dem kochenden Salzwasser 5 Minuten garen, abgießen, in eine Servierschüssel geben und mit der Soße begießen. Sofort heiß servieren.

TOMATEN IN DER KRUSTE
Gemüsegericht
Foto

Mit einer Mischung aus Vollkornsemmelbröseln und geriebenem Parmesan oder anderem Käse kann man gedünstetem Gemüse eine wunderbare Kruste verleihen.

---

1 kg Fleischtomaten
250 g Mozzarella (1 Kugel)
100 g Parmesan, frisch gerieben
1 mittelgroße Zwiebel
3–5 EL Olivenöl
6 EL Vollkorn-Semmelbrösel
Kräutersalz, schwarzer Pfeffer
50 g schwarze Oliven,
wenn erwünscht

Die Tomaten einige Sekunden in kochendem Wasser blanchieren, abgießen und häuten. Halbieren, einen Teil von den Kernen herausdrücken und die Tomatenhälften mit der Schnittfläche nach unten in eine flache Form legen. Den Mozzarella grob reiben oder würfeln und mit dem Parmesan mischen. Die Zwiebel fein hacken und in 2 EL Öl goldgelb braten. Die Brösel dazugeben und leicht bräunen. Zusammen mit dem restlichen Öl, Salz und Pfeffer zum Käse geben und vermischen. Die Oliven zwischen die Tomaten verteilen, mit der Käse-Brösel-Mischung bedecken und 20 Minuten im vorgeheizten Ofen bei 180 °C backen.

PIEMONTESISCHE BAGNA CAUDA
Gemüsegericht

Bagna cauda oder »heißes Bad« ist eine Art Fondue: Die Soße wird auf einem Rechaud bei Tisch heiß gehalten, das Gemüse – roh und in mundgerechte Stücke geschnitten – wird hineingetunkt und zu Brot und Wein gegessen. Die Soße kann man aber auch über gekochtes oder gedämpftes Gemüse gießen und heiß servieren. In Norditalien ist bagna cauda ein sehr beliebtes Festessen, besonders im Frühling, wenn das erste, neue, zarte Gemüse kommt. Viele Menschen lehnen Sardellen ab und würden daher dieses Gericht nicht ausprobieren wollen. Das ist schade, weil die Sardellen diesem Rezept nur eine pikante, salzige Würze verleihen und keinen »fischigen« Geschmack haben.

250 g Butter
4 EL Olivenöl
4–8 Knoblauchzehen,
fein gehackt
6–8 Sardellenfilets, am besten in
Öl eingelegte, fein gehackt
sehr viel schwarzer Pfeffer aus
der Mühle
1 kleine, weiße Trüffel,
wenn möglich

Pro Person 300 g frisches
Gemüse, in mundgerechte Stücke
geschnitten

Butter und Öl zusammen in einem schönen, serviergerechten Topf erhitzen. Den Knoblauch darin einige Minuten sanft köcheln lassen, er darf nicht braun werden. Die Sardellen dazugeben und unter häufigem Rühren zu einer Creme einkochen. Mit Pfeffer (nur wenn nö-

tig auch mit Salz) abschmecken. Die Trüffel grob reiben und hineinrühren.

Einen Teller hübsch mit kleingeschnittenem rohem Gemüse auslegen: Stangensellerie, Paprika, rohe Artischockenherzen, Endivien und Chicorée, Frühlingszwiebeln, Tomaten, Zucchini usw. Das Gemüse in die heiße Soße stippen und essen.
Oder: Die Gemüse (z. B. Brokkoli, Blumenkohl, Fenchel, Zucchini) kurz blanchieren oder im Dampf knapp bißfest garen, mit der Soße begießen und servieren.

PAPRIKA UND TOMATEN MIT BAGNA-CAUDA-SOSSE
Gemüsegericht

1 kg Paprikaschoten,
am besten eine Mischung
aus grünen, gelben, roten
und orangenen Schoten
1 kg frische, reife Tomaten
1 Gemüsezwiebel,
in papierdünne Scheiben
geschnitten
2 EL Kapern
100 g grüne, entkernte Oliven

Bagna-cauda-Soße
8 EL Olivenöl
4 Knoblauchzehen
6–8 Sardellenfilets
schwarzer Pfeffer

Die Paprikaschoten waschen, halbieren und entkernen. Mit der Haut nach oben auf ein Backblech legen und flach drücken. Unterm Grill oder mit Oberhitze rösten, bis die Haut dunkel wird und Blasen wirft. Mit einem Tuch bedecken und abkühlen lassen, die Haut mit

einem scharfen Messer entfernen. Die Tomaten einige Sekunden in kochendem Wasser blanchieren, die Haut abziehen, in Spalten schneiden. Paprika und Tomaten auf einer Servierplatte auslegen, mit den Zwiebelscheiben, Kapern und Oliven belegen.
Die Soße, wie links beschrieben (ohne die Butter), zubereiten, über das Gemüse gießen und lauwarm servieren als pikante Beilage, z. B. zu Reis, Hirse oder Kartoffeln (schmeckt toll mit heißen, neuen Kartoffeln in der Schale).

ZUCCHINI MIT EI
Beilage oder Vorspeise

Die italienische Küche ist stolzer »Erfinder« Hunderter Zucchinirezepte, weil sie schon seit Hunderten von Jahren das Problem der Zucchini-Gärtner kennt: Die unbändige Vermehrungslust dieser Pflanze zwingt den erfinderischen Koch, genauso unbändig in der Kreation neuer Rezepte zu sein! Hier, eines meiner Lieblingsrezepte:

500 g Zucchini (ca. 2 Stück)
1 mittelgroße Zwiebel
1 Knoblauchzehe
5 EL Olivenöl
2 Tomaten
1 TL Kräutersalz
schwarzer Pfeffer aus der Mühle
1 TL getrocknetes Basilikum
2 hartgekochte Eier
3 TL Balsamico-Essig

Zucchini und Zwiebel würfeln und den Knoblauch fein hacken. Zusammen in dem heißen Öl goldbraun und weich schmoren. Die Tomaten würfeln und mit Salz, Pfeffer und

Basilikum einrühren, abschmecken, vom Herd nehmen. Die Eier schälen und würfeln, über das Gemüse verteilen, mit dem Essig beträufeln und warm oder bei Zimmertemperatur servieren.

SPARGELTATAR
Beilage

Aus Piemont kommt auch dieses Rezept für grünen Spargel, im Stil der Region mit Kapern und sauer eingelegtem Gemüse zubereitet.

1 kg grüner Spargel
4 hartgekochte Eier
8 EL Olivenöl
1 TL scharfer Senf
1 EL Kapern
1 EL gehacktes, sauer eingelegtes Gemüse (Sott'aceti, in Gläsern in jedem italienischen oder Feinkostladen erhältlich – saure Gurken oder andere saure Gemüsekonserven als Ersatz)
4 EL gehackte Blattpetersilie
Salz, weißer Pfeffer

Die Spargelstiele durchbiegen, bis das harte Endteil abbricht. Den Spargel vorsichtig gar kochen (am besten stehend in einem Spargeltopf), abtropfen. Die Eier pellen. Die Eigelbe mit einer Gabel zerdrücken, das Olivenöl teelöffelweise einrühren, bis eine dicke Mayonnaise entsteht. Senf, Kapern, das saure Gemüse und die Petersilie einrühren, mit Salz und Pfeffer pikant abschmecken. Eiweiß hacken und einrühren. Die Soße zu dem warmen Spargel reichen. Oder die Spargelstiele hacken, in die Mayonnaise einrühren, in eine Schüssel geben und mit den Spargelköpfen verzieren.

SELLERIEPÜREE
Beilage

Sellerieknolle spielt in Italien neben Stauden- oder Bleichsellerie nur eine untergeordnete Rolle. Normalerweise wird er in Scheiben gekocht oder gedämpft und mit Olivenöl (oder Butter) und Zitrone gegessen, manchmal auch mit Kapern, Oliven oder sauer eingelegtem Gemüse. Folgendes Rezept ist eine Variation zu diesem Thema.

1 Sellerieknolle, ca. 700 g
5 EL Olivenöl
Kräutersalz, Pfeffer
1 Zitrone
2 EL Kapern
3 EL gehackte Blattpetersilie

Die Sellerieknolle schälen, in walnußgroße Stücke schneiden und in eine ofenfeste Form mit Deckel legen. Das Öl und 2–3 EL Wasser dazugeben und zugedeckt ca. 30 Minuten im vorgeheizten Ofen bei 180 °C backen oder bei milder Hitze auf dem Herd schmoren. Mit einer Gabel die Knolle zerdrükken, mit Salz und Pfeffer würzen. Die Zitrone halbieren, den Saft von einer Hälfte in das Püree rühren. Das Püree in eine Schüssel füllen, mit Kapern und der Petersilie bestreuen und heiß oder kalt servieren. Die zweite Zitronenhälfte in Spalten schneiden und separat dazu reichen.

CARDI
Beilage

Ab und zu gibt es Cardi oder Cardoon auf unseren Märkten. Sie sieht aus wie eine gigantische Staudensellerie, ist aber eine Verwandte der Artischocke und schmeckt auch danach. Die Cardi hat nur einen Nachteil: Sie ist faserig und muß gut geputzt werden.

1 kg Cardi oder 1 Staude, nach dem Putzen hat man etwa 40% weniger
Salz
Saft von 1 Zitrone
5 EL Olivenöl
1 mittelgroße Zwiebel
50 g Parmesan oder Pecorino, gerieben
1 Zitrone

Die Cardi auf ca. 20 cm kürzen. Die harten Außenblätter und alle verfärbten Teile entfernen. Die weißen Stiele wie Rhabarber putzen, dabei die harten Fasern entfernen. Die Stiele in ca. 3 cm große Stücke brechen (dabei kann man noch mehr von den Fasern entfernen) und ca. 40 Minuten in Salzwasser mit dem Zitronensaft gar kochen. Das Olivenöl in einer Pfanne erhitzen. Die Zwiebel in feine Scheiben schneiden und in dem Öl leicht bräunen. Cardi abgießen und abtropfen, zu den Zwiebeln geben und salzen. 10 Minuten mit dünsten, gelegentlich ein paar EL Wasser dazugeben, wenn nötig. Mit Parmesan bestreuen, umrühren und heiß servieren. Die Zitrone achteln, entkernen und separat dazu reichen.

GEMÜSEPUDDING

Wenn Sie aus einer oder mehreren Gemüsesorten ein sättigendes und dennoch elegantes Hauptgericht zubereiten möchten, können Sie eine der in Italien so beliebten »Sformati« backen: Gemüse, mit Eiern und Mehlsoße abgebunden, in einer ausgefetteten Form gebacken und kurz vor dem Essen gestürzt. Wenn Sie furchtlos sind, können Sie die Sformati in einer Gugelhupf- oder Ringform backen. Wenn Sie sich aber nicht so recht trauen, können Sie die schönen Puddinge auch in der Form servieren.

BLUMENKOHLPUDDING
Gemüsegericht

1 Blumenkohl, ca. 1 kg
1 TL Kräutersalz oder ½ TL Salz
2 EL Olivenöl
weißer Pfeffer
1 TL Oregano
1 TL Basilikum
4 EL gehackte Blattpetersilie
6 EL Weizenvollkornmehl
¼ l Milch
50 ml süße Sahne
50 g Parmesan, frisch gerieben
4 Eier
wenn erwünscht: 50 g Kapern
oder 100 g schwarze Oliven,
entsteint und gehackt, oder
50 g getrocknete Tomaten
(siehe Seite 13), gehackt
2 TL Butter und
3–4 EL Vollkorn-Semmelbrösel
für die Form
2–3 EL Semmelbrösel und
2 EL Butterflocken für die
Oberfläche des Puddings

Den Blumenkohl putzen, in Röschen trennen und in ½ l

Wasser mit dem Salz zugedeckt recht weich kochen, abdecken, bei milder Hitze weiterkochen, bis das Kochwasser verdampft und der Blumenkohl sehr weich ist. Das Öl dazugeben und den Blumenkohl darin langsam schmoren, dabei mit einer Gabel zu einem groben Püree drücken und wenden, bis das Püree relativ trocken ist. Mit Pfeffer und den Kräutern würzen, in eine Schüssel geben und etwas abkühlen lassen.
Inzwischen die Mehlsoße zubereiten: Das Vollkornmehl mit einem Schneebesen in die Milch klumpenfrei einrühren und aufkochen. Sahne und Parmesan dazugeben, dick einkochen und vom Herd nehmen. Die Eier und die Mehlsoße gründlich in das Blumenkohlpüree einrühren, bis eine homogene, aber nicht zu glatte Masse entsteht. Nach Belieben Kapern, Oliven und/oder Tomaten einrühren (sie geben dem Pudding eine pikante Note). Abschmecken!
Den Ofen auf 180 °C vorheizen. Eine schöne Form mit der Butter ausfetten, mit den Semmelbröseln ausstreuen und das Püree einfüllen. Die Oberfläche mit Bröseln bestreuen und mit Butterflocken besetzen. Die Form in die Fettpfanne des Ofens stellen und so viel Wasser in die Fettpfanne gießen, daß die Form etwa 3–4 cm hoch darin steht. Ca. 1 Stunde garen, bis der Pudding leicht gebräunt und fest ist. Herausnehmen, 10 Minuten abkühlen lassen und auf eine Servierplatte stürzen. Oder in der Form servieren.
▷ Dazu schmeckt frische Tomatensoße oder Petersiliensoße (Seite 85).

PUDDING AUS MÖHREN, KARTOFFELN UND CHAMPIGNONS
Foto
Gemüsegericht

Sie können solche Gemüsekombinationen vielseitig variieren. Wichtig ist nur, daß die verschiedenen Gemüsesorten geschmacklich und farblich Kontrast bieten. Bitte keinen Pudding aus Sellerie, Kartoffeln und Fenchel (Grau in Grau) zubereiten!

250 g Möhren
1½ TL Kräutersalz
3 EL Olivenöl
1 TL Basilikum
500 g Champignons
⅛ l trockener Weißwein
½ TL geriebene Muskatnuß
½ TL Estragon
500 g Kartoffeln
2 EL Butter und
4–5 EL Semmelbrösel für die Form
¼ l Milch
3 EL Weizenvollkornmehl
100 g Parmesan, gerieben
1 Knoblauchzehe
6 Eier
schwarzer Pfeffer
2–3 EL Semmelbrösel und
2 EL Butterflocken für die
Oberfläche des Puddings

Die Möhren putzen und klein würfeln. Die Champignons mit einem Küchenpapier abputzen und fein hacken. Die Kartoffeln schälen und in 1 cm große Würfel schneiden.
Die Möhren in einen kleinen Topf geben, mit ⅛ l Wasser und ½ TL Kräutersalz aufkochen, zudecken und in dem Wasser halbgar dämpfen. Den Deckel abnehmen und das Wasser restlos wegkochen lassen. 1 EL von dem Öl und das Basilikum da-

zugeben und 5 Minuten schmoren lassen. Herausnehmen und in eine Schüssel geben.

Die Champignons mit 1 EL Öl und dem Wein in den kleinen Topf geben und 5 Minuten zugedeckt dünsten. Aufdecken, Muskat und Estragon dazugeben und weitere 5 Minuten unter häufigem Rühren die Flüssigkeit verdampfen lassen. Herausnehmen und in einer Schüssel beiseite stellen.

Die Kartoffeln in dem Topf mit wenig Wasser und ½ TL Salz gar, aber nicht zu weich kochen. Abgießen, abtropfen und in eine Schüssel geben.

Eine 3-Liter-Form mit der Butter ausfetten und mit den Semmelbröseln ausstreuen. Die Milch erwärmen, das Mehl einrühren, zum Köcheln bringen und dicklich einkochen. Den Käse einrühren, Knoblauch durch eine Presse dazugeben, abkühlen lassen.

Zu jeder Gemüseart 2 Eier und ⅓ der Käsesoße geben, gründlich verrühren und abschmecken. Die Champignons in die Form gießen und flach streichen. Die Möhren darüber verteilen und glatt streichen. Die Kartoffeln als letzte Schicht einfüllen. Die Oberfläche mit Semmelbröseln bestreuen und mit Butterflocken belegen. In den vorgeheizten Ofen (180 °C) in die Fettpfanne setzen und so viel Wasser in die Fettpfanne gießen, daß die Form 2–3 cm hoch darin steht. Ca. 1 Stunde garen, bis der Pudding gebräunt und fest ist. Auf eine große Platte stürzen oder in der Form servieren.

▷ Mit einer grünen Soße (z. B. Petersiliensoße, Seite 85) servieren.

GEMÜSETORTE

Eine feinere Verwandte der Pizza, die Gemüsetorte – in Italien Torta genannt –, wird in einer leichten Kruste gebacken und in der »Torta«-Form serviert. Sie brauchen dafür eine flache, ofenfeste Form, ca. 27 cm Durchmesser. Solche Formen aus schönem Porzellan werden in letzter Zeit als Mikrowellengeschirr angeboten. Sonst können Sie die Kruste, mit etwas dickerem Teigrand geformt, in einer Springform backen.

KRUSTE
FÜR GEMÜSETORTE
Auch für Obsttorte

Wenn Sie den Teig in einer Springform backen, muß er am Rand etwas dicker sein, um das Gewicht des Inhalts zu halten. Die angegebene Menge ist ausreichend für 2 flache Formen von 27 cm Durchmesser, wenn die Torte in der Form serviert wird; oder für 2 Springformen von 24 cm Durchmesser, wenn die Torte ohne Form, auf einem Kuchenteller, auf den Tisch kommen soll. Wenn Sie den Teig für Förmchen verwenden, ergibt die Teigmenge ca. 20–25 kleine Törtchen, die man für Vorspeisen mit Gemüse füllen kann oder mit Obst als Nachspeise.

350 g sehr feines
Weizenvollkornmehl
1 TL Kräutersalz
(für Obsttorte durch
1 Prise Meersalz ersetzen)
1 TL Backpulver
100 g Butter
5 EL Zitronensaft
3–5 EL Wasser, nach Bedarf
2 Eier

Mehl, Salz und Backpulver in einer Schüssel mischen. In einer zweiten Schüssel Butter und Öl mit einer Gabel, Schneebesen oder dem elektrischen Handrührgerät zu einer dicken, mayonnaise-ähnlichen Creme verrühren. Die Creme mit der Mehlmischung zusammenrühren, bis sie gleichmäßig verteilt ist. Den Zitronensaft darübersprenkeln und das Wasser teelöffelweise dazugeben, bis sich der Teig zu einer Kugel formen läßt. In Folie oder in ein Tuch wickeln und 1 Stunde im Kühlschrank ruhen lassen.

Den gekühlten Teig in zwei Teile trennen. Wenn Sie nur einen Boden backen wollen, die eine Hälfte gut eingewickelt in Folie einige Tage im Kühlschrank oder mehrere Monate im Gefrierfach aufbewahren. 1 Ei in die eine Teighälfte einarbeiten und so lange kneten, bis wieder alles geschmeidig ist. Den Teig zwischen zwei Lagen Backtrennpapier legen und zu einer dünnen Teigplatte, etwa 3 cm breiter als der Durchmesser der Form, ausrollen. Das obere Papier abziehen, die Teigplatte über der Form umdrehen und hineinlegen. Das zweite Papier abziehen und den Teig flach in die Form drücken, die Seiten hochziehen und am oberen Rand leicht andrücken. Mit einer Gabel den Boden mehrmals einstechen und im vorgeheizten Ofen bei 180°C 10 Minuten vorbacken.

Die Füllung vorbereiten und einfüllen, wie im jeweiligen Rezept angegeben weiterbacken, warm (oder kalt als Vorspeise) servieren.

KRÄUTERTORTE

Als Beweis dafür, daß man eine wunderbare Torte auch aus »Nichts« backen kann, möchte ich hier die Torte vorstellen, die ich an einem Sonntag für unerwarteten Besuch zubereitete. Ich hatte nur ein paar schon etwas welke Möhren und ein großes Bündel Petersilie im Gemüsefach, natürlich auch Zwiebeln und Käsereste, die in meiner Küche nie fehlen. Dazu fand ich noch 4 Eier (gedacht für das Frühstück am Montag) und einen Rest Sahne. Der Teig für den Boden war allerdings schon fertig im Gefrierfach.

Ich habe die Torte zu Bratkartoffeln Piemonteser Art (Seite 97) und Tomaten in der Kruste (Seite 74), ohne Käse – es gab keinen mehr und: ich schäme mich, es waren Dosentomaten – serviert. Alle waren begeistert!

1 Rezept Kruste für
Gemüsetorte (siehe links)

250 g Möhren
2 mittelgroße Zwiebeln
3 EL Olivenöl
1 Bund Blattpetersilie
150 g Käse (ich hatte einen
Rest Parmesan und Gouda)
3 Eier, 100 ml süße Sahne
1 TL Basilikum
Salz, Pfeffer

Möhren und Zwiebeln würfeln. Zusammen in dem Öl 10 Minuten schmoren, bis die Möhren gerade anfangen, weich zu werden. Inzwischen die Petersilie hacken und den Käse reiben. Alle Zutaten in einer Schüssel gründlich verrühren und auf den vorbereiteten Boden gießen. ½ Stunde bei 180°C im vorgeheizten Ofen backen.

AUBERGINEN-PILZ-TORTE

*1 Rezept Kruste für
Gemüsetorte (Seite 80)*

1 kg Auberginen (2–3 kleine)
250 g Champignons
4 EL Olivenöl
Salz, schwarzer Pfeffer
*250 g geräucherter
Scamorza-Käse (oder
Fontina bzw. junger
Provolone, Emmentaler
oder junger Gouda als
Ersatz)*
3 Eier
200 ml süße Sahne
geriebene Muskatnuß
1 TL Basilikum

Auberginen und Champignons putzen (Auberginen waschen, die Stielenden wegschneiden; Champignonstiele herausbrechen, Kappen abwischen oder kurz abbrausen, Stielende wegschneiden) und in 2 cm große Würfel schneiden. In dem Olivenöl 10–15 Minuten braten, bis sie weich sind; wenn nötig, mehr Öl oder einige TL Wasser verwenden, um ein Anbrennen zu verhindern. Salzen und pfeffern. Den Käse grob reiben. Alles zusammen mit den restlichen Zutaten mischen, abschmecken und auf den vorbereiteten Teigboden füllen. ½ Stunde bei 180 °C im vorgeheizten Ofen backen, bis die Torte goldenbraun ist. Warm servieren.

MANGOLD-TORTE

*1 Rezept Kruste für
Gemüsetorte (Seite 80)*

1 kg Mangold
5 EL Olivenöl
1 mittelgroße Zwiebel
1 Knoblauchzehe
*200 g Mozzarella,
grob gerieben*
*5 EL frisch geriebener
Parmesan*
4–5 EL Semmelbrösel
3–4 EL Olivenöl
*schwarzer Pfeffer aus der
Mühle*

Das Mangoldgrün (Blätter) von den Stielen abstreifen, die Stiele in 1 cm breite Querstreifen schneiden, die Blätter grob hakken. 3 EL Öl in einer Bratpfanne erhitzen, die Stiele dazugeben und 10 Minuten langsam braten. Die Blätter dazugeben und unter häufigem Rühren ca. 15 Minuten weiterbraten. Wenn das Gemüse weich ist, in eine Schüssel geben und beiseite stellen. Zwiebel und Knoblauch fein hacken, mit dem restlichen Olivenöl in die Pfanne geben und goldbraun braten, zum Mangold geben. Mozzarella und Parmesan hinzufügen und mit den Semmelbröseln einrühren. Wenn die Masse noch sehr naß ist, mehr Brösel verwenden. Die Füllung auf dem Tortenboden verteilen, Olivenöl und Pfeffer daraufsprenkeln. Noch 30 Minuten bei 180 °C im vorgeheizten Ofen backen.

ZWIEBELTORTE AUS NORDITALIEN

*1 Rezept Kruste für
Gemüsetorte (Seite 80)*

750 g rote Zwiebeln
4 EL Butter
6 Eier
200 ml süße Sahne
geriebene Muskatnuß
*3 EL frisch geriebener
Parmesan*
Salz, Pfeffer
*3 EL feingehackte
Blattpetersilie*
*1 TL Rosmarinnadeln,
gehackt*
*1 Fleischtomate, gehäutet,
entkernt*

Die Zwiebeln in Ringe schneiden und 20 Minuten in der Butter bei milder Hitze braten, bis sie weich, aber nicht gebräunt sind. Inzwischen die Eier, Sahne, Muskat, Käse, Salz und Pfeffer in einer Schüssel verrühren. Die Zwiebeln auf dem vorbereiteten Boden verteilen, die Sahnemischung darübergießen. Petersilie und Rosmarin daraufsprenkeln. Die Tomate in Streifen schneiden und die Torte damit verzieren. 40–50 Minuten im vorgeheizten Ofen bei 180 °C backen, bis die Torte leicht gebräunt ist. Heiß oder bei Zimmertemperatur servieren.

GEFÜLLTE GEMÜSE

Italienische Köche lieben es, Gemüse zu füllen. Peperoni ripieni (gefüllte Paprika), Cipolle ripiene (gefüllte Zwiebeln), Melanzane ripiene (gefüllte Auberginen) und Zucchine ripiene (gefüllte Zucchini) sind die traditionellen Vor- und Hauptspeisen der Gemüseküche. Sie haben drei große Vorteile: Die Füllungen können endlos variiert werden und bestehen einfach aus den Zutaten, die man gerade vorrätig hat. Die Gerichte können alle im voraus zubereitet und erst kurz vor dem Essen im Ofen gebacken werden, so daß eine Gastgeberin in Ruhe mit ihren Gästen die Vorspeisen, Salat und Suppe genießen kann. Und sie können zu allen Anlässen serviert werden, als Vorspeise, leichtes Mittagessen oder Hauptgang bei einem feinen Abendessen. Sie schmecken genauso gut kalt am nächsten Tag, falls etwas übrig bleibt!

ZUCCHINI MIT BROTFÜLLUNG
Foto

4 mittelgroße Zucchini, je ca. 175 g
1 große Zwiebel
1 Knoblauchzehe
3 EL Olivenöl
3 EL gehackte Petersilie
100 g trockenes Brot
(ca. 3–4 Scheiben), gewürfelt oder zu Bröseln gerieben
50 g Parmesan, fein gerieben
Salz, Pfeffer
Basilikum, Oregano
2 Eier
¼ l Tomatensaft oder Wasser
1 TL Kräutersalz
1 Zitrone in Spalten

Die Zucchini längs halbieren, mit einem Löffel die Kerne und einen Teil vom Fleisch auskratzen, beiseite stellen. Zwiebel und Knoblauch fein hacken, in dem Olivenöl ca. 5 Minuten braten, bis die Zwiebel weich ist. Das ausgekratzte Zucchinifleisch hacken und dazugeben, 1–2 Minuten weiterbraten. Petersilie und Brot dazugeben und leicht bräunen. Die restlichen Zutaten einrühren und vom Herd nehmen. Die Masse in die ausgehöhlten Zucchini füllen und andrücken. Die Zucchini nebeneinander in eine flache Form legen. Tomatensaft oder Wasser und Salz verrühren und in die Form gießen. In den vorgeheizten Ofen stellen und bei 180 °C ca. 30–40 Minuten backen, bis die Zucchini weich sind und die Füllung goldbraun ist. Mit Zitronenspalten servieren.

GEFÜLLTE AUBERGINEN AUS KALABRIEN
Foto

2 kleine Auberginen
Salz
Olivenöl
2 mittelgroße Zwiebeln
2 Knoblauchzehen
250 g Tomaten
1 EL Tomatenmark
20 g Rosinen
1 TL Oregano
2 EL Pinienkerne
10–15 schwarze Oliven
1 EL Kapern
Pfeffer, Cayennepfeffer

Die Auberginen der Länge nach halbieren. Mit einem Löffel das Fruchtfleisch herauskratzen, dabei die Haut nicht verletzen. Das Fleisch grob hacken, mit 1 EL Salz mischen und in ein Sieb geben. Das Sieb über eine Schüssel hängen, damit der Saft abtropfen kann. Die ausgehöhlten Schalen stark salzen und umgestülpt in ein Sieb legen, ½ Stunde »weinen« lassen.

Inzwischen die Zwiebeln fein hacken und zusammen mit den Knoblauchzehen im Olivenöl weich braten. Das Auberginen-Fleisch unter Wasser abspülen, in einem Küchentuch auswringen und zu den Zwiebeln geben, kurz mitbraten. Die Tomaten klein hacken und einrühren, anschwitzen lassen. Tomatenmark, Rosinen und Oregano einrühren und unter häufigem Rühren mitbraten. ¼ l Wasser aufgießen, zum Kochen bringen und bei niedriger Hitze einkochen lassen. Die Pinienkerne in einer trockenen Pfanne kurz bräunen, zu den Auberginen geben. Vom Herd nehmen und etwas abkühlen lassen. Die Oliven entsteinen, hacken und mit den Kapern einrühren.

Die Auberginenhälften gut ausspülen und mit Küchenkrepp abtrocknen. Die Auberginenmasse nochmals mit Salz, Pfeffer und Cayennepfeffer würzig abschmecken und in die Schalen füllen. In eine flache Auflaufform oder ein tiefes Ofenblech ca. 2 cm hoch Wasser gießen, die gefüllten Schalen mit der Haut nach unten hineinsetzen und ca. 30 Minuten bei 180 °C im vorgeheizten Ofen backen. Warm oder kalt servieren.

ZWIEBELN MIT KÄSEFÜLLUNG

4 große Gemüsezwiebeln, Salz
2 EL Butter
125 g Fontina-Käse
100 g Pilze
⅛ l süße Sahne
Öl für die Form
2 Eier
Pfeffer, 1 TL Rosmarin oder
Thymian, am besten frisch
4 EL gehackte Blattpetersilie
4 kleine Scheiben
Fontina-Käse

Die Zwiebeln schälen und ganz in einen Topf geben, mit Salzwasser bedecken und 20 Minuten bei milder Hitze kochen. Herausnehmen und abkühlen lassen. Die oberen Drittel der Zwiebeln abschneiden (Wurzelende ganz lassen) und mit einem scharfen Messer oder Löffel die inneren Schichten herauslösen, bis nur noch 3 oder 4 Schichten als Rand verbleiben. Das ausgelöste Zwiebelfleisch hacken und in der Butter weich dünsten. Den Käse würfeln, die Pilze waschen und würfeln und beide zu den Zwiebeln geben. Die Sahne einrühren und kochen, bis der Käse schmilzt. Vom Herd nehmen und kurz abkühlen lassen (damit die Eier nicht kochen, wenn sie eingerührt werden).
Die Zwiebeln in eine geölte, ofenfeste Form setzen und den Ofen auf 180°C vorheizen. Die Eier verschlagen, mit Salz, Pfeffer und Kräutern zur Zwiebel-Käse-Mischung geben, gut verrühren und in die Zwiebeln füllen, restliche Soße zwischen die Zwiebeln gießen. Jede Zwiebel mit 1 Scheibe Käse bedecken und 15–20 Minuten backen, bis sie leicht gebräunt sind. Heiß servieren.

ZWIEBELN MIT PILZFÜLLUNG

4 große Gemüsezwiebeln
2 EL Olivenöl
250 g Champignons
(in Italien würde man frische,
selbst gesammelte Steinpilze
nehmen, aber wir müssen
vernünftig bleiben)
100 ml süße Sahne
2 Eier
50 g Fontina-Käse oder
Mozzarella
Salz, Pfeffer
½ TL Rosmarin, fein gehackt
1 Lorbeerblatt, gemahlen
(funktioniert prima in der
Kaffeemühle)
Butter für die Form

Die Zwiebeln schälen und zugedeckt ca. 30 Minuten in Wasser köcheln lassen bis sie weich sind, aber noch nicht zerfallen. Die oberen Drittel (nicht die Wurzelenden!) mit einem sehr scharfen Messer abschneiden. Mit einem Löffel vorsichtig die Mitte der Zwiebeln aushöhlen, aber 2 oder 3 Schichten stehen lassen. Das ausgehöhlte Zwiebelfleisch hacken und in dem Olivenöl 5 Minuten weich dünsten. Inzwischen die Pilze putzen, evtl. abbrausen und fein hacken, zu den Zwiebeln geben und 5 Minuten mitdünsten. Die Sahne einrühren und vom Herd nehmen. Die Eier leicht schlagen und den Käse grob reiben oder würfeln. Alles zusammen mit den restlichen Zutaten vermischen, abschmecken und in die Zwiebeln füllen. In eine gebutterte, feuerfeste Form setzen und im vorgeheizten Ofen bei 180°C ca. 20 Minuten backen, bis die Zwiebeln leicht gebräunt sind.
▷ Kartoffeln oder Risotto (Seite 88) dazu servieren.

PAPRIKASCHOTEN MIT REIS-KÄSE-FÜLLUNG

Für 6 Personen
6 rote Paprikaschoten
3 EL Olivenöl, 1 Zwiebel
125 g Langkornreis
½ l Wasser oder Brühe
2 Eier
250 g Mozzarella, gerieben
4 EL geriebener Parmesan
1 TL Oregano
Kräutersalz, Pfeffer
4 Fleischtomaten
1 Knoblauchzehe

Die Stielenden der Paprikaschoten wie einen Deckel abschneiden, Kerne und Innenhaut mit einem Löffel auskratzen, ohne die Schote einzureißen. Das Olivenöl in einem kleinen Topf mit Deckel erhitzen. Die Zwiebel fein hacken und in dem Olivenöl goldgelb braten. Den Reis dazugeben und durchschwitzen lassen. Mit dem Wasser oder Brühe aufgießen, zudecken und 40 Minuten bei milder Hitze quellen lassen. Inzwischen die Eier hart kochen. Reis, Käse und Oregano mischen. Die Eier schälen, hacken und dazugeben. Vorsichtig mit Salz und Pfeffer abschmecken (der Käse ist auch salzig!). In die Paprikaschoten füllen und in eine flache, feuerfeste Form setzen. Einige EL Wasser in die Form geben und im vorgeheizten Ofen ca. 30 Minuten bei 180°C backen.
Inzwischen die Tomaten hacken. Die Knoblauchzehe durch eine Presse drücken und zur Tomate geben, mit Salz und Pfeffer würzen. Die Tomaten über die Paprikaschoten löffeln, noch 10–20 Minuten weiterbacken, bis sie leicht gebräunt sind. Heiß, warm oder bei Zimmertemperatur servieren.

SOSSEN

FRISCHE TOMATENSOSSE

750 g frische, reife
Fleischtomaten
1 Bund frisches Basilikum
2 Knoblauchzehen
1 TL Kräutersalz
schwarzer Pfeffer
1 TL Oregano
8 EL Olivenöl

Die Tomaten in kochendem Wasser kurz blanchieren, kalt abschrecken, häuten und fein hacken. Die Basilikumblätter hacken, die Knoblauchzehen zu Mus zerdrücken. Alle Zutaten mischen und ca. 30 Minuten ziehen lassen. In einem kleinen Topf vorsichtig erhitzen, aber nicht kochen. Heiß servieren.

PIKANTE TOMATENSOSSE

1 große Gemüsezwiebel,
grob gehackt
1 Knoblauchzehe, zu Mus
zerdrückt
4–5 Lorbeerblätter
1–2 Stiele Blattpetersilie,
gehackt
4 EL Olivenöl
⅛ l leichter Rotwein
2 EL Balsamico-Essig
Gewürzmischung aus
2 Pimentkörnern
(Nelkenpfeffer),
2 Nelken,
½ TL Fenchel, ½ TL schwarzer
Pfeffer und 1 Prise Anis,
alle Gewürze frisch gemahlen
1 Dose Tomaten (ca. 800 g)
2 EL Butter
2 TL Kräutersalz
½–1 TL Angostura-Bitter
ein paar Spritzer Tabasco

Gemüsezwiebel, Knoblauch, Lorbeerblätter und Petersilie 5 Minuten in Olivenöl dünsten. Mit Rotwein auffüllen, einkochen lassen. Essig und die Gewürzmischung einrühren, die Tomaten dazugeben und alles 30 Minuten köcheln lassen. Mit Salz, Angostura und Tabasco pikant abschmecken.

PETERSILIENSOSSE

2 Bund Petersilie, fein gehackt
3 EL Mascarpone
1 EL Zitronensaft
2 EL Weißwein
⅛ l Brühe
2 EL Worcestersoße (wichtig!)
Kräutersalz
frisch gemahlener schwarzer
Pfeffer
reichlich frisch geriebene
Muskatnuß
1 Knoblauchzehe

Petersilie, Mascarpone, Zitronensaft, Weißwein, Brühe und Worcestersoße miteinander vermischen und mit Kräutersalz, Pfeffer und Muskatnuß abschmecken. Die Knoblauchzehe durch die Presse dazudrücken und unterrühren. Bei milder Hitze die Soße vorsichtig erwärmen, nicht kochen! Warm servieren.

VARIATION

Kräutersoße: Statt ausschließlich Petersilie frische gemischte italienische Kräuter (insbesondere Basilikum, Rosmarin und Salbei) verwenden.

PAPRIKASOSSE

6 rote Paprikaschoten
6 Schalotten
3 Knoblauchzehen
1 Lorbeerblatt
4 Zweige Petersilie
8 Pfefferkörner
6 EL Olivenöl
6 EL klare Brühe
Vollmeersalz
Pfeffer aus der Mühle

Die Paprikaschoten vierteln, entkernen, das Fleisch zerhakken. Schalotten und Knoblauch fein hacken, mit den Paprikastückchen und den Kräutern/Gewürzen in dem Olivenöl in ca. 20 Minuten weich dünsten. Lorbeerblatt, Petersilie und Pfefferkörner entfernen, das Gemüse mit einem Pürierstab fein pürieren. Mit klarer Brühe zu einer flüssigen Soße verdünnen. Mit Salz und Pfeffer kräftig abschmecken.

BASILIKUM-PESTO

Pesto kann man im Glas in italienischen Läden oder unter dem Namen »Basilic« in Bioläden kaufen. Wenn Sie Geduld haben, können Sie Pesto auch selber herstellen.

2 Kaffeetassen frische
Basilikumblätter
100 g Pinien- oder
Walnußkerne
100 g Parmesan,
frisch gerieben
5–6 EL Olivenöl
1 TL Salz

Alle Zutaten mit einem Wiegemesser oder Mixer zu einer Paste pürieren.

GETREIDE UND KARTOFFELN

Lange Zeit herrschte die Meinung, kohlenhydrathaltige Lebensmittel seien »Dickmacher«, kalorienreich und höchst ungesund. Diese Fehlinformation ist inzwischen überholt (obwohl sie noch in vielen Köpfen spukt). Gerade die Produkte mit vielen komplexen Kohlenhydraten und reichlich Ballaststoffen sind es, die uns fit, schlank und gesund halten. Hiermit sind gemeint Vollkornreis, Kartoffeln, Mais, Buchweizen, Gerste, Hirse, Grünkern und alle die anderen wunderbaren, kernigen und vitalstoffreichen Naturprodukte, die in der Vollwertküche die Starrolle spielen. Geschälter Reis zählt noch zu den komplexen Kohlenhydraten, aber es fehlt ihm die sättigende, verdauungsfördernde, vitamin- und mineralstoffreiche Silberhaut, die das Vollreiskörnchen umgibt. Auch Kartoffeln, geschält und gewässert, haben viele ihrer positiven Eigenschaften verloren, in der Vollwertküche werden die ganzen, ungeschälten Kartoffeln verwendet. Mit den anderen Getreidesorten und Getreideprodukten ist es ähnlich: Im Naturzustand schenken sie uns eine Fülle von Substanzen, die uns satt, zufrieden und gesund halten. Gott sei Dank schmecken sie auch wunderbar!

Die folgenden Rezepte sind Klassiker der italienischen Küche, raffiniert, köstlich und größtenteils, wie ich (und die meisten italienischen Köche) es vorziehen, äußerst einfach. Lassen Sie sich's gut schmecken!

RISOTTO

Risotto, das typische Reisgericht in Italien, verdient eigentlich ein Kochbuch für sich. Die Variationen sind zahllos, die Zubereitungsmethoden manchmal heiß umstritten. Für den deutschen Haushalt ist Reis, in dieser Form gegessen, etwas fremd; denn Risotto ist keine Beilage, sondern ein separater Gang, der zwischen den Antipasti oder Salat und dem Hauptgericht aufgetischt wird, etwa wie eine Suppe, anstelle eines Pasta-Gerichtes. Hierfür gebe ich auch ein authentisches Rezept. Allerdings: Einen richtigen Risotto, der als solcher von einem Italiener akzeptiert würde, kann man kaum mit Vollkornreis kochen. Risotto soll weich, fast puddingartig in seiner Konsistenz sein, die gekochten Körner zart und in einer cremigen Soße aus Stärke und Brühe schwimmend. Naturreis bleibt, auch wenn er lange gekocht wird, fest und zerfällt nicht genug. Trotzdem bereite ich meine Risottos mit Vollkornreis zu, weil ich den kernigen Geschmack und die gesunde Sättigung von einem Vollkorn-Risotto höher schätze als die cremige Konsistenz von dem vitalstoffarmen weißen Risotto.

Der cremige Risotto wird, weil er so weich ist, im Suppenteller serviert und mit dem Löffel gegessen. Ich mag aber Reis lieber als Beilage zu Gemüse oder als Hauptgericht mit verschiedenen Zutaten. Dieser Reis wird dann fester und kerniger gekocht und mit der Gabel gegessen. Die nachfolgenden Rezepte sind daher anders, als im Grundrezept zubereitet, obwohl sie auch cremig gekocht werden können.

CREMIGER VOLLKORN-RISOTTO
Grundrezept
Selbständiger Gang

1 mittelgroße Zwiebel
5 EL Butter
300 g Rundkorn-Naturreis
1½ l Gemüsebrühe
¼ l trockener Weißwein
50 g Parmesan, frisch gerieben
Salz, Pfeffer

Richtiges Risottokochen verlangt ständiges Rühren. Das ist etwas zeitaufwendig, aber für das perfekte Gelingen notwendig. Mit Vollkornreis ist dies weniger problematisch: Der Reis wird sowieso keinen »perfekten« Risotto ergeben und muß auch deshalb nicht so viel gerührt werden, weil die Körner nicht – wie bei einem weißen Risotto – auseinanderfallen.

Die Zwiebel fein hacken. Die Butter in einem Suppentopf bei mittlerer Hitze schmelzen und die Zwiebeln darin glasig dünsten. Den Reis einrühren und unter ständigem Rühren 2–3 Minuten mitdünsten. Brühe und Wein mischen und von der Mischung ⅛ l auf den Reis aufgießen und unter ständigen Rühren einkochen, bis der Reis wieder trocken wird. Nochmals ¼ l aufgießen und unter Rühren einkochen. Die restliche Flüssigkeit nach und nach aufgießen und unter Rühren einkochen, bis der Reis weich und cremig ist, das dauert insgesamt ca. 40 Minuten (mehr Brühe verwenden, wenn der Reis nach 40 Minuten noch zu fest ist). Vom Herd nehmen, den Käse einrühren, mit Salz und den Pfeffer abschmecken und in Suppenteller servieren. Zusätzlich geriebenen Parmesan reichen.

RISOTTO MIT ARTISCHOCKEN
Hauptgericht

1 Knoblauchzehe
1 mittelgroße Zwiebel
4 EL Olivenöl
400 g Rundkorn-Naturreis
1–1½ l Gemüsebrühe
¼ l trockener Weißwein
3–4 Artischocken
50 g Parmesan, frisch gerieben
3 EL Butter
Salz, Pfeffer
1 Zitrone

Knoblauch und Zwiebel fein hacken und in einem Suppentopf in dem Öl glasig dünsten. Den Reis einrühren und 2–3 Minuten unter ständigen Rühren mitdünsten. ¼ l Brühe zur Seite stellen, die restliche Brühe und den Wein mischen und etwa ⅓ davon aufgießen, unter Rühren in ca. 20 Minuten einkochen.

Inzwischen die Artischocken putzen: die Stiele flach abschneiden, die äußersten Blätter abbrechen, mit einem scharfen Messer das dunkelgrüne Teil von den restlichen Blättern ringsum abschälen, so wie man einen Apfel schält (die Artischocken sehen hinterher wie kleine Tannenzapfen aus, nur die zarten, hellen Enden der Blätter bleiben). Diese »Zapfen« längs halbieren und mit dem Messer die inneren Blütenblätter herauskratzen. Die Hälften nochmals teilen oder sogar, je nach Größe, vierteln.

Die Artischocken in den Reis geben, die restliche Brühe-Wein-Mischung aufgießen und aufkochen, zudecken und bei niedriger Hitze in ca. 30 Minuten ausquellen lassen. Die restliche Brühe nur dann nach und nach zugießen, wenn der Reis droht anzubrennen (wenn der Topfdeckel fest sitzt und wenig Dampf entweicht, werden Sie weniger Flüssigkeit brauchen). Wenn die Artischocken weich, aber nicht völlig zerkocht sind und der Reis körnig und trocken ist, Parmesan, Butter, Salz und Pfeffer einrühren, abschmecken. Die Zitrone in Spalten schneiden und zu dem Risotto reichen.

KASTANIEN-RISOTTO

Risotto wie oben zubereiten. Anstelle von Artischocken 15 geröstete, geschälte Kastanien (vom Maroni-Mann oder wie folgt geröstet) mitkochen.
Die frischen Kastanien auf der flachen Seite einritzen, auf ein Backblech legen und 20 Minuten im Ofen bei 200 °C rösten, heiß schälen, die braune Innenhaut restlos entfernen, halbieren.

RISOTTO MIT SAFRAN UND SONNENGETROCKNETEN TOMATEN

Risotto wie oben zubereiten mit 1 TL Thymian, 1 Prise Safranpulver und 100 g gehackten sonngetrockneten Tomaten (siehe Seite 13).
Thymian und Safran zu den Zwiebeln geben, bevor der Reis eingerührt wird, und kurz andünsten. Tomaten nach 20 Minuten dazugeben.

RISOTTO MIT GRÜNEM PFEFFER

Risotto wie oben zubereiten mit 50 g grünen Pfefferkörnern in Lake, 125 ml süßer Sahne und 50 g geriebenem Emmentaler anstelle von Parmesan.
Die Pfefferkörner nach 20 Minuten einrühren, Sahne und Käse erst zum Schluß. Ohne Parmesan servieren.

REISKROKETTEN

Der beste Grund, immer ein bißchen zuviel Risotto zu kochen!

Ca. 200 g übriggebliebener
Risotto
2 Eier
50–100 g Vollkorn-Semmelbrösel
Kräutersalz
schwarzer Pfeffer
100 g Mozzarella, grob gerieben
50 g Parmesan, fein gerieben
2 EL Blattpetersilie, gehackt
Olivenöl zum Ausbacken

Der Risotto muß kühl und trocken sein. In einer Schüssel den Risotto mit den Eiern mischen, genug Semmelbrösel dazugeben, um einen formbaren Teig zu bekommen. Mit Kräutersalz und Pfeffer würzen. In einer zweiten Schüssel Mozzarella, Parmesan und Petersilie mischen.
1 EL Semmelbrösel in die Handfläche streuen, 1 EL Reismischung daraufgeben und mit den Fingern eine kleine Vertiefung in den Reis drücken. 1 TL Käsemischung in die Vertiefung geben und einen zweiten Eßlöffel Reis darauflegen. Mit Semmelbröseln bestreuen, leicht zusammendrücken, damit der Käse völlig mit Reis be-

deckt ist. Zu kleinen Bällchen oder Plinsen formen, nochmals in Semmelbröseln rollen und auf einen Teller legen. Auf diese Weise den ganzen Reis zu gefüllten Bällchen oder Plinsen formen. In dem Öl goldbraun ausbacken, heiß essen. Köstlich!

POLENTA

Polenta oder Maisgrieß ist eine traditionelle norditalienische Grundspeise. Die Bergbauern, die in den Voralpen ihre Ziegenherden hielten, haben genauso davon gelebt wie die Iren von Hafer, die Russen von Buchweizen-Kasha, die Deutschen von Roggen, die Chinesen von Reis. Eine alte Bergbäuerin hat mir einmal erzählt: Die Woche über gab es Polenta mit Milch, vielleicht mit ein bißchen Parmesan oder Ziegenkäse. Wenn man Glück hatte, gab es vielleicht mal Kaninchen oder Hase, Eichhörnchen oder ein Ei dazu. Am Wochenende gab es gelegentlich ein Huhn dazu und an Feiertagen Ziegenfleisch, aber jeden Tag gab es Polenta. »Immer Polenta, immer harte Arbeit, aber nie waren wir krank. Jetzt sind die Bergdörfer leer, die jungen Leute wohnen in der Stadt. Dort gibt es jeden Tag Fleisch, und die Arbeit ist auch nicht so hart. Aber alle sind sie krank, fett und unglücklich.«

POLENTA PIEMONTESE
Grundrezept

Dies ist ein klassisches Rezept für Polenta, wobei das Verhältnis Wasser : Polenta von dem Feinheitsgrad der Polenta abhängt.

500 g Polenta (Maisgrieß)
ca.1½ l Wasser (wenn Sie mehr Wasser nehmen,
läßt sich die Polenta zwar leichter rühren, aber die Konsistenz der fertigen Polenta wird nicht so schön schnittfest sein)
20 g Salz
⅛ l süße Sahne
50–100 g Parmesan, frisch gerieben

Polenta und ½ l Wasser mischen. Das restliche Wasser zum Kochen bringen, Salz einstreuen, Polenta einrühren und unter ständigem Rühren eindikken lassen. Jetzt den Topf in eine Bratpfanne setzen, Wasser in die Pfanne gießen und wieder auf die Herdplatte setzen. In diesem »improvisierten« Wasserbad die Polenta ca. 40 Minuten unter häufigem Rühren weiterkochen (weiteres Wasser, wenn nötig, in die Pfanne gießen!). Zum Schluß Sahne und Parmesan einrühren und abschmecken.
Eine Schüssel mit kaltem Wasser ausspülen, die Polenta hineingießen, 10 Minuten ruhen lassen und dann auf ein Holzbrett, eine Marmorplatte oder einen großen Teller stürzen. Mit einem großen Servierlöffel Schollen abtrennen.
▷ Dazu beliebiges Gemüse servieren.

POLENTATALER MIT FÜLLUNG
Foto

Für 8–10 Personen
200 g Polenta (Maisgrieß)
1 TL Kräutersalz
1 l kochendes Wasser oder Brühe

100 g geriebener Parmesan
125 g Fontina-Käse, in dünne Scheiben geschnitten
125 g getrocknete Tomaten in Öl (italienische Spezialität) oder Bündnerfleisch oder Parma-Schinken

3 Eier
schwarzer Pfeffer
150 g Mehl
150 g Vollkorn-Semmelbrösel
Öl zum Ausbacken

Polenta und Salz in das kochende Wasser einrühren und unter ständigem Rühren ca. ½ Stunde köcheln, bis sie dick ist (oder den Topf in ein Wasserbad stellen und unter gelegentlichem Rühren kochen). Wenn die Polenta sich von den Topfwänden wegzieht, vom Herd nehmen und 5 Minuten abkühlen lassen. Auf einem Backblech 1 cm dick ausstreichen und abkühlen lassen (können Sie über Nacht stehen lassen).
Aus der kalten Polenta Kreise ausstechen oder in Rhomben oder Vierecke schneiden. Die Hälfte der Stücke mit Käse und Tomatenstückchen belegen, jeweils mit einem zweiten Stück Polenta zu einem »Sandwich« zudecken.
Die Eier mit Pfeffer mischen. Die Polenta-Sandwiches in Mehl wenden, in die Eier tauchen, mit den Semmelbröseln panieren und im heißen Öl fritieren oder braten. Sofort heiß servieren.

POLENTATORTE
Foto
Hauptgericht

Diese Polentatorte stammt – wie die meisten Polenta-Rezepte – aus dem Piemont, einer Region, deren Einwohner von den restlichen Italienern als »Mangiapolenta« verspottet werden: »Polentafresser«. Aus dem Polentagrieß haben die Piemonteser einige wunderbare Gerichte entwickelt. Dieses Rezept verwendet zu der typischen Polenta auch den typischen piemontesischen Fontina-Käse. Wichtig ist ein ausreichendes Würzen.

Für 6–8 Personen
1 Rezept Polenta piemontese (Seite 90)
250 g echter Fontina-Käse (als Ersatz Appenzeller oder Greyezer)
Pfeffer
Butter in Flocken

Die gekochte Polenta in eine geölte Brotform, Springform oder auf ein geöltes Backblech gießen, abkühlen und erstarren lassen. Die kalte Polenta in Scheiben schneiden, abwechselnd mit dem Käse in eine Auflaufform schichten und jede Schicht mit viel Pfeffer bestreuen. Als oberste Schicht Polenta legen und mit den Butterflokken belegen. Im vorgeheizten Ofen bei 200 °C ca. 30 Minuten backen, die Torte soll leicht gebräunt sein.

BUNTE POLENTATORTE MIT FÜLLUNG
Partygericht

Sie brauchen hierfür etwas Zeit und mindestens 4 Töpfe: etwas arbeitsaufwendig, aber wunderschön!
In diesem Rezept wird die Polenta zweifach gefärbt und mit einer Füllung aus Zwiebeln, Pinienkernen und Semmelbröseln gebacken. Ursprünglich nahm man für die Füllung natürlich Fleisch, aber es ist sehr unwesentlich für den Erfolg des Gerichts.

Für 8–12 Personen
1 Rezept Polenta piemontese
(Seite 90)
2 Knoblauchzehen
250 g Tomaten
3 EL Tomatenmark
3 EL Olivenöl
Kräutersalz
500 g Blattspinat (frisch, wenn möglich, sonst TK)

Füllung
500 g Gemüsezwiebeln
2 EL Butter
50 g Pinienkerne
100 g Vollkorn-Semmelbrösel für die Füllung
schwarzer Pfeffer
8–10 frische Salbeiblätter
(½ TL getrocknete Blätter)
50 g Parmesan, frisch gerieben

Butter und Semmelbrösel für die Form
2 EL Vollkorn-Semmelbrösel und Butterflocken zum Belegen

Die Polenta kochen. Während sie gart, müssen Sie 3 Zutaten fertigstellen: die Tomaten, den Spinat und die Zwiebeln für die Füllung.
1 Knoblauchzehe zerdrücken, die Tomaten hacken und mit dem Tomatenmark und dem Knoblauch in einer Pfanne in dem Olivenöl ca. 20 Minuten bei niedriger Hitze köcheln lassen. Wasser dazugeben, wenn nötig, um eine dicksämige Soße zu erreichen. Mit Kräutersalz abschmecken und in einer Schüssel beiseite stellen.
Den Spinat putzen und waschen, naß in einen zweiten Topf geben, zudecken und kurz kochen, bis er zusammengefallen ist. Den Deckel abnehmen und weiterkochen, bis er trocken ist. Die zweite Knoblauchzehe zerdrücken und dazugeben, Spinat fein hacken. Mit Kräutersalz abschmecken und in einer zweiten Schüssel beiseite stellen.
Die Zwiebeln schälen, in nicht zu dicke Ringe schneiden und in einer Bratpfanne in der Butter zugedeckt langsam weich schmoren. Den Deckel abnehmen und weiterbraten, bis sie leicht gebräunt sind. Die Pinienkerne einrühren und gleichfalls leicht bräunen. Die Semmelbrösel einrühren und anbraten, mit Pfeffer würzen. Die Salbeiblätter fein hacken, mit dem Parmesan einrühren und nochmals mit Kräutersalz und Pfeffer abschmecken.
Die heiße Polenta jetzt teilen: eine Hälfte zu den Tomaten geben und die andere zum Spinat. Gründlich mischen. Eine Auflaufform aus Glas (wegen der schönen Farben, die muß man sehen können!) oder eine Springform mit Butter ausfetten und mit Semmelbröseln ausstreuen. Die Tomaten-Polenta eingießen und glattstreichen. Die Zwiebel-Brösel-Mischung darauf verteilen und die Spinat-Polenta darübergießen, glattstreichen. Mit Semmelbröseln und Butterflocken belegen und 20 Minuten im vorgeheizten Ofen bei 200 °C backen. Herausnehmen, ca. 10 Minuten abkühlen und stocken lassen. Wie eine Torte in Stücke schneiden und sofort servieren.

POLENTAAUFLAUF MIT ZUCCHINI

Polenta mit Gemüse und Ei, im Ofen gebacken, verlangt kein aufwendiges, langes Kochen und wird durch das geschlagene Eiweiß leicht und locker.

2 mittelgroße Zucchini
5 EL Weizenvollkornmehl
5 EL Butter
¾ l Gemüsebrühe
200 g Polenta (Maisgrieß)
1 EL Kräutersalz
schwarzer Pfeffer
1 TL Oregano
100 g Parmesan, gerieben
4 Eier, getrennt

Die Zucchini grob reiben und mit dem Mehl mischen. Eine 5 l-Auflaufform mit der Butter ausfetten.
Die Brühe aufkochen, Polenta mit einem Schneebesen klumpenfrei einrühren, Salz einstreuen und kochen, bis die Masse dick wird. Zucchini, Gewürze und Käse einrühren, vom Herd nehmen. Die Eigelbe verschlagen und einrühren. Die Eiweiße steif schlagen und vorsichtig unterheben. In die Auflaufform gießen und im Ofen bei 180 °C 30–40 Minuten backen, bis der Auflauf gebräunt und halbfest geworden ist. Abkühlen lassen, damit er stocken kann. Warm servieren.

POLENTAPFANNKUCHEN
Frittelle di polenta

Wer wenig Zeit und wenig Geduld hat, kann Polenta auch als kleine Pfannkuchen backen.

Für 12–15 kleine Pfannkuchen
175 g Polenta (Maisgrieß)
50 g Weizenvollkornmehl
1 TL Salz
½ TL Backpulver
¼ l Milch oder Brühe
2 Eier
2 EL Olivenöl
Butter oder Öl zum Ausbacken

Polenta, Mehl, Salz und Backpulver mischen. In einer zweiten Schüssel Milch, Eier und Öl verrühren, zu der Polenta geben und zu einem cremigen Teig rühren. Kleine, 5–6 cm große Pfannkuchen in der Butter ausbacken, warm halten.
▷ Mit Tomatensoße (Seite 85) und geriebenem Parmesan servieren.

POLENTAPFANNKUCHEN MIT SPINATFÜLLUNG

1 Rezept
Polentapfannkuchenteig
(oben)

Füllung und Belag
1 kg Spinat
1 Knoblauchzehe
1 große Gemüsezwiebel
3–4 EL Olivenöl
½ TL Oregano
200 g Mozzarella
100 g Mascarpone oder
Crème fraîche
Salz, Pfeffer
2–3 EL geriebener Parmesan

Die Pfannkuchen untertassengroß ausbacken und warm halten.

Den Spinat putzen, waschen, tropfnaß in einen Topf geben, zudecken und kurz dünsten, bis er zusammengefallen ist. Den Deckel abnehmen und weiterdünsten, bis er trocken ist. Herausnehmen, in Streifen schneiden und in einer Schüssel beiseite stellen. Den Knoblauch fein hacken, die Zwiebel in Ringe schneiden. Beides in dem Olivenöl weich dünsten, bis die Zwiebel leicht gebräunt ist. Oregano dazugeben und mit dem Spinat vermischen. Den Mozzarella in Stückchen auseinanderpflücken und zum Spinat geben. Mit Salz und Pfeffer gut würzen.
In eine Auflaufform die Pfannkuchen mit Zwischenlagen von der Spinatfüllung schichten, oberste Schicht ist ein Pfannkuchen. Mascarpone darauf verteilen, mit Parmesan bestreuen und im vorgeheizten Ofen bei 200 °C ca. 20 Minuten backen, bis der Käse schmilzt und die Oberfläche leicht gebräunt ist.

ANDERE GETREIDE-GERICHTE

BUCHWEIZEN-POLENTA
Polenta taragna

Buchweizen ist in Italien zwar bekannt, aber, unter anderem wegen seiner Farbe, nicht sehr beliebt. In der Lombardei wird er als besondere Spezialität im Winter serviert, garniert mit einer dunklen Steinpilzsoße. Dieser schwarze oder graue Brei wird auch manchmal als Trauerspeise serviert. Trotz der Farbe schmeckt er wunderbar!

500 g Buchweizen
100 g Polenta (Maisgrieß)
1 EL Kräutersalz
2 l Wasser
150 g Butter
250 g Taleggio-Käse
(Bel Paese als Ersatz)

Den Buchweizen fein mahlen, mit Polenta und Salz mischen. Das Wasser zum Kochen bringen, die Mehlmischung langsam einrieseln lassen und gleichzeitig mit einem Schneebesen klumpenfrei rühren. Die Hitze zurückschalten und unter ständigem Rühren ca. 1 Stunde köcheln lassen, bis die Masse fest geworden ist. Ohne das ständige Rühren brennt der Brei an; um weniger rühren zu müssen, können Sie den Topf in einen zweiten Topf oder eine Bratpfanne voll Wasser stellen und in diesem Wasserbad garen; dabei muß man nur gelegentlich umrühren. Den Brei auf einen Teller stürzen und sofort heiß servieren.
▷ Dazu paßt Spinat- oder Mangoldsoße (Seite 49), Tomatensoße (Seite 85) oder Pilzsoße (Seite 54).

HIMMLISCHE BUCHWEIZENWÖLKCHEN

Diese Soufflés sind eine ganz erstaunliche Mischung von knuspriger Außenhaut und weichem, saftigem Innenleben. Ich habe etwas Ähnliches nirgendwo gesehen – ein ferner Verwandter ist der englische »Yorkshire-Pudding« – und bin begeistert, wie einfach, schmackhaft und spektakulär sie sind. In der Lombardei habe ich sie süß serviert bekommen, habe aber entdeckt, daß sie mir salzig noch besser schmecken. Die einzige Schwierigkeit bei der Zubereitung ist, die richtigen Ofenformen zu finden. Kleine Souffléförmchen mit ½ l Inhalt sind dafür ideal. Die Soufflés müssen *sofort* serviert und gegessen werden, wenn sie aus dem Ofen kommen. Nach 5 Minuten fallen sie bereits zusammen, schmecken zwar noch sehr gut, werden aber schwerer und sehen nicht mehr so wunderbar aus.

Für 6 Personen
75 g Buchweizenmehl und
75 g Weizenvollkornmehl,
beide fein gemahlen
¼ l Milch und 4 Eier,
zimmerwarm
½ TL Salz
1 EL ganze Buchweizenkörner
3 TL Butter

Mehl, Milch, Eier und Salz mit einem Schneebesen verrühren (der Teig wird ziemlich dünn sein). Die Buchweizenkörner einrühren oder, um den Geschmack zu erhöhen, die Körner kurz in einer trockenen Bratpfanne anrösten, bis sie etwas dunkler werden (nicht verbrennen!) und dann einrühren.

Den Ofen auf 200 °C vorheizen. 6 Souffléförmchen mit je ½ TL Butter ausfetten und auf das Backblech im Ofen setzen (mittlere Schiene). 5 Minuten erhitzen. Herausnehmen, zur Hälfte mit dem Teig füllen (die Soufflés gehen sehr stark auf; wenn Sie zuviel Teig haben, gießen Sie den Rest in weitere Förmchen). Sofort zurück in den Ofen setzen und 15 Minuten backen, ohne den Ofen aufzumachen! Die Temperatur auf 180 °C zurückschalten und weitere 15 Minuten backen, bis die Masse braun und wolkig aufsteigt. Dann mit einem scharfen Messer einen kleinen Schlitz in jedes »Wölkchen« stechen, um den Dampf entweichen zu lassen. Den Ofen sofort wieder schließen und die Soufflés 5 Minuten im ausgeschalteten Ofen trocknen lassen. Herausnehmen und 2–3 Minuten abkühlen lassen. Aus den Förmchen nehmen und auf Servierteller geben oder in den Förmchen servieren.

▷ Mit Pilzen oder cremigen Gemüsegerichten servieren. Die Beilage sollte recht simpel sein, da die Soufflés so dramatisch wirken und so hervorragend schmecken.

PIEMONTESISCHE HIRSEBACKLINGE

250 g Hirse
½ l Wasser
2 gestrichene EL gekörnte
Gemüsebrühe
125 g Weizenvollkornmehl
4 Eier
1 gehäufter TL Oregano
1 TL Rosmarin
½ TL Basilikum
1 TL Kräutersalz
schwarzer Pfeffer aus der
Mühle
200 g Fontina- oder
Pecorino-Käse, gerieben
Semmelbrösel zum Panieren

Die Hirse unter heißem Wasser abspülen. Das Wasser mit der gekörnten Brühe aufkochen, die Hirse einrühren und nochmals zum Kochen bringen, auf kleinste Hitze schalten, zudecken und ca. ½ Stunde ausquellen lassen. Abkühlen. Mit den restlichen Zutaten außer Käse und Semmelbröseln mischen, kräftig abschmecken. Mit nassen Händen zu brötchengroßen Kugeln formen, mit dem Daumen eine Vertiefung eindrükken, mit je 1 EL Käse füllen und glatt verschließen. Die Kugeln in Semmelbröseln rollen, auf ein gefettetes Backblech legen und im vorgeheizten Ofen ½ Stunde bei 180 °C backen, bis sie gebräunt sind. Heiß servieren.

▷ Mit gebackenen Tomaten oder Tomatensoße (Seite 85) reichen.

STRATA   Foto
Brot- und Käse-Auflauf

Strata kann man entweder als Vorspeise, als Zwischengericht anstelle von Reis, Pasta oder Suppe oder als Hauptgericht servieren. Es ist äußerst einfach zuzubereiten und sehr gehaltvoll; deshalb sollte man nur kleine Portionen anbieten.

500 g Weizenvollkornbrot
4 Eier, ¼ l Milch
¼ l süße Sahne
geriebene Muskatnuß
1 TL Kräutersalz
schwarzer Pfeffer
75 g Bündnerfleisch oder
Rinderrauchfleisch
(wenn erwünscht, als Gewürz)
300 g Mozzarella (1 Kugel)
1 Bund Schnittlauch,
fein geschnitten
Butter für die Form

Das Brot entrinden und in 2 cm große Würfel schneiden. Eier, Milch, Sahne, Muskat, Kräutersalz und Pfeffer verrühren. Bündnerfleisch und Mozzarella in kleine Streifen zerpflücken, den Käse mit dem Schnittlauch mischen. Eine flache Auflaufform oder mehrere Portionsförmchen mit Butter ausfetten, die Zutaten hineinschichten: zuerst die Hälfte der Brotwürfel, darauf die Hälfte des Mozzarella mit dem Schnittlauch und das ganze Fleisch, darüber die Hälfte der Eier-Sahne-Mischung gießen. Das restliche Brot und darauf den restlichen Käse einschichten, zuletzt die restliche Eier-Sahne-Mischung darübergießen. Mit sehr viel schwarzem Pfeffer bestreuen. Die Auflaufform auf ein tiefes Backblech in den Ofen stellen und etwas Wasser in das Backblech gießen. In ca. 1 Stunde im vorgeheizten Ofen bei 180 °C goldbraun backen. Warm oder bei Zimmertemperatur servieren.

GRÜNKERN- »POLPETTA«

Polpetta ist der italienische Hackbraten, oft mit Schwein und Hase zubereitet. Das Rezept schmeckt mir viel besser, wenn es mit Grünkern zubereitet wird. Grünkern ist völlig unbekannt in Italien, ergibt aber in der Vollwertküche eine herrliche Alternative für Hackfleisch in fast allen entsprechenden Gerichten. Tofu wird hier integriert, um dem Ganzen mehr Saft zu verleihen.

Für 10 Personen
500 g Vollkornbrot, am besten
ein weiches Mischbrot
500 g Tofu
8 EL Tamari-Sojasoße
100 g Mehl oder Semmelbrösel
4–5 EL Olivenöl
½ l Gemüsebrühe
250 g Grünkernschrot
3 EL Steinpilz-Soßenpulver
oder 50 g getrocknete
Steinpilze, klein gehackt
4 Lorbeerblätter
125 g Parmesan, frisch gerieben
6 Eier
1 Knoblauchzehe, durchgepreßt
1 EL Kräutersalz
schwarzer Pfeffer
½ TL Thymian
1 TL Oregano
10–20 frische Salbeiblätter, in
Streifen geschnitten, einige
ganz lassen zum Dekorieren
(1 TL getrockneter Salbei als
Ersatz)
2 EL grüne Pfefferkörner in
Salzlake, wenn erhältlich
Fett und Semmelbrösel für die
Form, Butter zum Bestreichen

Das Brot entrinden, wenn die Rinde zu hart ist, in 2 cm große Würfel schneiden. Den Tofu in 2 cm große Würfel schneiden, in der Sojasoße 1 Stunde marinieren, herausnehmen, abtropfen, in Mehl oder Semmelbröseln wenden und in dem Öl ringsum hellbraun ausbacken, zu dem Brot geben.
Inzwischen die Brühe zum Kochen bringen, den Grünkernschrot, Soßenpulver oder Steinpilze und die Lorbeerblätter einrühren, zudecken, vom Herd nehmen und ½ Stunde ausquellen lassen. Anschließend zur Brot-Tofu-Mischung geben. Eier und Knoblauch einrühren, mit Salz, Pfeffer, Thymian, Oregano, Salbei (einige Blätter zur Verzierung zurückhalten, wenn Sie frischen Salbei haben) und den grünen Pfefferkörnern würzen. Mit zusätzlichen Semmelbröseln oder Milch, wenn nötig, zur richtigen Konsistenz mischen und einen Laib formen wie für einen Hackbraten. In eine gefettete, mit Semmelbröseln ausgestreute, ofenfeste Form geben, den Laib mit Salbeiblättern dekorieren und mit Butter bestreichen. 20 Minuten bei 180 °C im vorgeheizten Ofen backen. Herausnehmen, mit etwas Sojasoße von der Tofu-Marinade bepinseln (damit der Braten schön braun wird), weitere 15 Minuten backen.
▷ Mit Pilzsoße (Seite 54) oder Tomatensoße (Seite 85) servieren.

HINWEIS
Reste schmecken sehr gut kalt!

GERSTEN-GEMÜSE-SALAT

Gerste wird auch in Italien hauptsächlich als Suppeneinlage verwendet. Dafür nimmt man in der »normalen« Küche polierte oder gebürstete Perlgraupen. Vollkorngerste wird gelegentlich auch verwendet, wie ein Risotto (Reisbrei) gekocht, oder, wie in diesem Rezept, als Salat zubereitet.

100 g Vollkorngerste, am
besten die sogenannte
»Nackt«-Gerste, die nicht poliert
werden muß und nussiger
schmeckt
½ l Gemüsebrühe
1 gelbe Zucchini
1 grüne Zucchini
1 rote Paprikaschote
1 mittelgroße, milde
Gemüsezwiebel

Marinade
2 EL Rotweinessig
5 EL Olivenöl
3 EL frische Salbeiblätter
gehackt, oder
1 EL getrockneter Oregano
(verwenden Sie bitte keinen
getrockneten Salbei für den
Salat, er ist zu penetrant)
1 TL Estragon
Kräutersalz, schwarzer Pfeffer

Am besten schon am Vortag die Gerste waschen, die Brühe zum Kochen bringen und die Körner einrühren, aufkochen lassen, zudecken und die Hitze zurückschalten. Ca. 1 Stunde quellen lassen (die Brühe sollte restlos weggekocht sein, wenn die Gerste gar ist; mehr Wasser zugießen, wenn nötig; ohne Deckel restliches Wasser wegdampfen am Ende der Kochzeit). Abkühlen lassen, am besten über Nacht. Die Gemüse putzen, in sehr kleine Würfel schneiden und mit der Gerste mischen.

Aus Essig, Öl, den Kräutern, Salz und Pfeffer eine Marinade rühren, mit dem Salat mischen und ca. 1 Stunde ziehen lassen, nochmals abschmecken. Als Hauptgericht für ein sommerliches Essen oder als Teil eines Salattellers servieren.

Grüne Gnocchi
Gnocchi verdi

250 g frischer, geputzter Spinat
125 g Ricotta
1 Ei
200 g frisch gemahlenes
Weizenvollkornmehl
1 TL Salz, schwarzer Pfeffer
geriebene Muskatnuß,
flüssige Butter zum Begießen
50 g frischer Parmesan,
gerieben, zum Bestreuen

Den Spinat waschen, abtropfen und zugedeckt in einer Bratpfanne erhitzen, bis er zusammenfällt und alle Flüssigkeit verdampft ist. Sehr fein hacken oder pürieren. Alle Zutaten miteinander vermischen, auf einem bemehlten Brett zu langen, fingerdicken »Kordeln« ausrollen. In 3 cm große Stücke schneiden, in siedendes Wasser geben und garen, bis sie an der Oberfläche schwimmen. Mit einem Schöpflöffel herausnehmen, auf einen warmen Servierteller geben und mit flüssiger Butter oder Olivenöl begießen. Den Parmesan separat dazu reichen. Oder auf einer geölten Platte auslegen, zudecken und erst zum Servieren nochmals in Butter oder Öl ausbacken.
▷ Die grünen Gnocchi schmecken auch mit Tomatensoße (Seite 85) gut.

Weizenvollkorn-Gnocchi

Gnocchi sind kleine, ovale Klößchen, die aus Mehl, Grieß oder aus Kartoffeln hergestellt werden. Wie Klöße werden sie kurz in siedendem Wasser gegart und entweder direkt gegessen oder noch in Butter oder Olivenöl gebacken.

¼ l Brühe
⅛ l Milch
geriebene Muskatnuß
Kräutersalz
60 g Butter
200 g Weizenvollkornmehl,
fein gemahlen
2 Eier
2 Knoblauchzehen, in feine
Stifte geschnitten
4 EL Butter oder Olivenöl

Die Brühe mit Milch, Salz, Muskat und Butter zusammen in einem Topf zum Kochen bringen. Das Weizenmehl mit einem Schneebesen einrühren, vom Herd nehmen und die Masse abkühlen lassen. Die Eier in den abgekühlten Teig gründlich einarbeiten. Mit nassen Händen kleine, etwa teelöffelgroße Gnocchi formen und in siedendem Salzwasser ca. 5 Minuten garen. Mit einer Schöpfkelle herausnehmen, abtropfen und auf einem geölten Teller oder Backblech ruhen lassen. Kurz vor dem Servieren Butter oder Öl in einer großen Pfanne erhitzen, die Knoblauchstifte darin leicht bräunen, die Gnocchi dazugeben und kurz mitbraten. Heiß servieren.
▷ Salbeibutter, Pilzsoße (Seite 54, evtl. Steinpilze), Basilikum-Pesto oder Tomatensoße (Seite 85) dazu reichen.

Kartoffeln

Bratkartoffeln Piemonteser Art

Himmlische Bratkartoffeln, die viel zu gut sind, um als Beilage zu dienen. Mit einem bunten Salat oder einem farbigen Gemüse serviert, z. B. mit Tomaten, Spinat, Möhren oder grünen Bohnen, machen sie Fleisch völlig überflüssig.

1½ kg Kartoffeln,
am besten neue
5 EL Olivenöl
1 TL Kräutersalz
schwarzer Pfeffer
6–8 Salbeiblätter,
möglichst frische
1 unbehandelte Zitrone

Die Kartoffeln gut waschen und ungeschält in etwa 2 cm dicke Spalten (wie eine Apfelsine) schneiden. Das Olivenöl in einer Bratpfanne mit Deckel erhitzen, die Kartoffelspalten in dem Öl anbraten, salzen, pfeffern und die Salbeiblätter dazugeben. Die Pfanne zudecken, gelegentlich umrühren oder kräftig rütteln und nach 10 Minuten einige Eßlöffel Wasser dazugeben, damit die Kartoffeln leichter gar werden, ohne zu verbrennen. Inzwischen die Zitronenschale ganz dünn abschälen und in Streifen schneiden, in die Kartoffeln einrühren und weitergaren bis sie fast weich sind. Nun den Deckel abnehmen. Bei erhöhter Hitze das Wasser wegdampfen lassen und die Kartoffeln knusprig backen. Die Zitrone vierteln, entkernen und zu den heißen Kartoffeln servieren.

KNUSPRIGER KARTOFFELGRATIN

Foto

1½ kg festkochende Kartoffeln	
Kräutersalz, schwarzer Pfeffer	
5 EL Olivenöl	
150 g Vollkorn-Semmelbrösel	
1 Knoblauchzehe	
250 g Scamorza oder Mozzarella	
2–3 EL Olivenöl	
500 g frische, reife Tomaten	
1 TL Kräutersalz	
2 EL Balsamico-Essig	

Die Kartoffeln gut waschen und ungeschält in Salzwasser fast gar kochen. Abgießen, ab-kühlen, in 2 cm dicke Scheiben schneiden und mit Kräutersalz und Pfeffer gut würzen. Das Olivenöl in einer Bratpfanne erhitzen, die Semmelbrösel darin bräunen und den Knoblauch durch eine Presse dazudrücken. Den Käse auf einer Lochreibe grob raffeln.

Eine Auflaufform mit 4 EL von den Bröseln ausstreuen, 4 EL Brösel zurückhalten. Die Kartoffeln mit den restlichen Brö-seln in der Pfanne mischen, die Hälfte davon in die Form fül-len, die Hälfte des Käses darauf verteilen, die restlichen Kartof-feln einschichten und die ande-re Hälfte des Käses darüber verteilen, mit den zurückbe-haltenen Bröseln bedecken. Olivenöl daraufsprenkeln und 20 Minuten im vorgeheizten Ofen bei 180 °C backen, bis der Käse geschmolzen und die Kru-ste gebräunt ist.

Inzwischen die Tomaten kurz überbrühen und häuten, hal-bieren, die Kerne herausdrük-ken. Das Tomatenfleisch mit Kräutersalz und Essig mischen und ziehen lassen. Wenn der Kartoffelgratin fertig ist, etwas abkühlen lassen. Zu jeder Por-tion ein paar Eßlöffel Tomaten-fleisch servieren.

ZWIEBEL-KARTOFFELN PIZZA-ART

Foto

Meine Kinder haben immer Pizza geliebt, Vollkornpizza allerdings abgelehnt. Ich habe daher begonnen, Kartoffeln so zu backen, als ob es sich um Pizza handele – und es war ein Erfolg. Hier ein Rezept für den Tag, an dem Sie weder Zeit noch Lust zum großen Kochen und trotzdem etwas Leckeres auf den Tisch bringen wollen.

1 kg Kartoffeln
500 g Gemüsezwiebel
Olivenöl
500 g Tomaten
2 TL Oregano
2 Knoblauchzehen
Kräutersalz, Pfeffer
1 Kugel Mozzarella (ca. 250 g), wenn erhältlich, sonst Gouda
Oliven, Sardellen, Salami und sonstige beliebte Beläge für Pizza, je nach Wunsch

Die Kartoffeln waschen, die Zwiebeln schälen und beide in 1 cm dicke Scheiben schneiden. Eine flache, ofenfeste Form oder ein Backblech mit Olivenöl ausfetten. Kartoffel- und Zwiebelscheiben abwechselnd schuppenartig einschichten.

Die Tomaten halbieren, die Kerne auspressen, das Fruchtfleisch grob hacken und mit Oregano, 2–3 EL Olivenöl, den feingehackten Knoblauchzehen, Salz und Pfeffer pikant abschmecken, auf den Kartoffelscheiben verteilen. Ca. 30 Minuten bei 200 °C backen.

Inzwischen den Mozzarella grob reiben und sonstige Beläge bereitlegen. Die Kartoffeln aus dem Ofen nehmen, mit Käse bestreuen, restliche Zutaten darauflegen und weitere 15–20 Minuten backen, bis der Käse geschmolzen und leicht gebräunt ist. Sofort servieren.

KARTOFFELGRATIN

100 ml Olivenöl (insgesamt)
1½ kg mehligkochende
Kartoffeln
1 TL grobgemahlener schwarzer
Pfeffer
2 EL frische Salbeiblätter, fein
gehackt
100 g Parmesan, fein gerieben
100 g Fontina-Käse, grob
geraffelt

Eine Gratinform mit ein paar Teelöffeln von dem Öl ausfetten. Die Kartoffeln gut waschen und ungeschält in ½ cm dicke Scheiben schneiden. Mit dem Öl, Pfeffer und Salbei mischen und schichtweise mit dem Käse in die Form füllen, als oberste Schicht Kartoffeln legen, mit ein paar Teelöffel Öl beträufeln. 1½ Stunden im vorgeheizten Ofen bei 180 °C backen. Abkühlen auf Zimmertemperatur, in Stücke schneiden und zum Wein servieren als Vorspeise oder zu einem Gemüse-Hauptgericht als Beilage reichen.

KARTOFFELN MIT BORLOTTIBOHNEN

Ich liebe Kartoffeln, und bei fast jedem meiner Kartoffelrezepte meine ich, es sei das schönste Rezept, was ich kenne. Aber hier werden die heißgeliebten Kartoffeln mit den genauso köstlichen Borlottibohnen gemischt: Dies *muß* das schönste Kartoffelrezept sein. Es schmeckt himmlisch, nussig und aromatisch. Man kann nie genug davon zubereiten.

250 g Borlottibohnen, getrocknet
(ca. 500–800 g gekocht)
4 Lorbeerblätter, möglichst frisch
2 Knoblauchzehen, geschält
6–8 ganze Salbeiblätter
500 g mehligkochende
Kartoffeln
Kräutersalz
5 EL Olivenöl
100 ml süße Sahne
50 g Parmesan, frisch gerieben
schwarzer Pfeffer aus der Mühle

Die Bohnen über Nacht in kaltem Wasser einweichen oder einige Stunden im voraus in Wasser aufkochen, wieder abkühlen und 2–3 Stunden einweichen lassen. Abgießen und mit frischem Wasser 2–3 cm über die Oberfläche bedecken. Lorbeer, Knoblauch und Salbei einrühren, aufkochen und ca. 1 Stunde kochen, bis die Bohnen weich, aber nicht zerfallen sind. Die Kartoffeln schälen und grob hacken. Mit ca. 2 TL Salz zu den Bohnen geben und weiterkochen, bis sie weich sind. In ein Sieb schütten, abtropfen und abkühlen lassen, Lorbeer und Salbei herausfischen. In den Topf zurückgeben, die restlichen Zutaten einrühren und mit einem Pürierstab oder Kartoffelstampfer zu einem glatten Püree schlagen. Sofort heiß servieren.

Oder: In eine Auflaufform füllen, mit Olivenöl und Käse bestreuen und kurz vor dem Servieren nochmals im Ofen erhitzen.

KARTOFFELBÄLLCHEN

1 kg mehligkochende Kartoffeln
Salz
3 Eier
3 EL Pinienkerne
1 TL Majoran
Pfeffer, geriebene Muskatnuß
Semmelbrösel
Olivenöl zum Braten

Die Kartoffeln in der Schale gar kochen, schälen, durch eine Kartoffelpresse drücken oder mit einem Stampfer zu einem glatten Püree verarbeiten. Salz und die Eier einrühren. Die Pinienkerne in einer trockenen Pfanne vorsichtig rösten, bis sie leicht gebräunt sind, grob hacken und mit den restlichen Gewürzen zum Püree geben. Alles gründlich mischen und einige Stunden in den Kühlschrank stellen, bis das Püree steif geworden ist. Eigroße Kugeln ausstechen, in den Bröseln rollen und in Olivenöl ringsum bräunen. Heiß servieren.

KARTOFFELPLÄTZCHEN

1½–2 kg mehligkochende
Kartoffeln
8 EL Blattpetersilie,
fein gehackt
4 EL frischer Rosmarin, fein
gehackt
1 Knoblauchzehe, zerdrückt
Kräutersalz, Pfeffer
3 Eier
Mehl, wenn nötig, zum Binden
ca. 2 EL Butter und 2 EL
Olivenöl, gemischt, zum
Ausbacken

Die Kartoffeln am Vortag in der Schale kochen, abkühlen lassen, kalt stellen. Am nächsten Tag schälen, auf einer groben Lochreibe raffeln und mit den restlichen Zutaten außer dem Fett zu einem formbaren Teig verarbeiten. Handtellergroße Plätzchen formen und in dem Fett goldbraun ausbacken. Heiß servieren.

KNOBLAUCH-KARTOFFELN
Nur für Mutige!

1½ kg mehligkochende Kartoffeln
Salz
2 Knoblauchknollen!
6 EL Olivenöl
Pfeffer
¼ l Milch
1 Bund Blattpetersilie

Die Kartoffeln ungeschält in Salzwasser gar kochen. Inzwischen die Knoblauchknollen in Zehen trennen, aber nicht schälen. Die Zehen 2 Minuten in kochendem Wasser blanchieren, abgießen, mit dem Öl in einen kleinen Topf geben und zugedeckt 20 Minuten bei kleinster Hitze köcheln lassen, ohne daß sie bräunen.
Die Kartoffeln abgießen, schälen und zu Püree stampfen. Den Knoblauch vom Herd nehmen, die Milch einrühren und mit einem Löffel die Zehen zerdrücken. Durch ein Sieb streichen und zu den Kartoffeln geben, gut mischen, mit Salz und Pfeffer abschmecken und heiß servieren.

HINWEIS
Reste können als kleine Plinsen oder Bällchen am nächsten Tag aufgebacken werden, sie schmecken noch besser! Leider bleibt meistens nichts übrig.

OFENKARTOFFELN MIT KNOBLAUCH UND ROSMARIN

1½ kg Kartoffeln,
am schönsten die roten
6 Knoblauchzehen, ungeschält
2 EL Olivenöl
2–3 Zweige Rosmarin,
am besten frisch, oder 1 EL
Rosmarinnadeln (kein
gemahlener Rosmarin)
Salz, grober schwarzer Pfeffer
½ Zitrone

Die Kartoffeln gut waschen und ungeschält in etwa gleich große Stücke schneiden, damit alle gleichzeitig gar werden (Stücke nicht kleiner als etwa ein Tischtennisball!). Die Knoblauchzehen platt drücken, mit den Kartoffeln, Öl und Rosmarin in eine ofenfeste Form geben und mit Salz und Pfeffer bestreuen. 45 Minuten im vorgeheizten Ofen bei 180–200 °C knusprig rösten. Den Knoblauch entfernen und, wenn erwünscht, mit etwas Zitronensaft besprenkeln. Heiß servieren.

EIER, KÄSE, TOFU

Während Gemüse und Getreide die Basis
der italienischen Vollwertküche sind,
werden Käse und Eier, Fleisch und Fisch
nur als Geschmackselement, Beilage
oder Bereicherung verwendet und spielen dabei eine untergeordnete Rolle.
Auch in der »normalen« italienischen Küche ist es die Regel, wenig Fleisch zu verwenden: Fleisch ist teuer, und viele Familien essen nur ein- bis zweimal in der
Woche ein ausgesprochenes Fleisch-
gericht. Vielmehr werden kleine Mengen
von Fleisch oder Speck verwendet, um
Gemüse-, Getreide-, Käse- oder Eierspei-
sen zu würzen.
Aber auch wenn diese Zutaten unterge-
ordnet sind, heißt es nicht, daß sie unin-
teressant sind, oder daß man immer auf
sie verzichten sollte! Die reiche Palette
von Eier- und Käsegerichten in der italienischen Küche verführen die neugierige
Vollwert-Köchin zu immer neuen Ge-
schmackserlebnissen, und sie sind, maß-
voll genossen, auch eine ungetrübte
Freude. Wenn Sie aber persönlich kein
tierisches Eiweiß verwenden möchten,
probieren Sie – als gelegentliche Ge-
schmacksbereicherung – einige von meinen Tofu-Gerichten.

FRITTATA

Frittata nennt man flache, recht große Eierkuchen oder Fladen, die italienische Version der französischen Omeletts. Sie werden nicht über eine Füllung geklappt wie ein Omelett, sondern mit der Füllung gebacken oder gebraten, etwa wie bei uns ein Apfelpfannkuchen. Sie sind handfest, einfach und trotzdem wunderhübsch, besonders wenn man immer auf die farbliche Zusammensetzung der Füllung achtet, die durch den delikaten Eiermantel hervorscheint.

Die Füllung, die meistens vorher gedünstet oder gebraten wird, läßt sich je nach Geschmack und Jahreszeit zusammenstellen. Die sparsame italienische Hausfrau sieht in der Frittata auch eine wunderbare Verwendung von Resten, vorausgesetzt das Ergebnis schmeckt. Eines meiner schönsten Frittata-Gerichte entstand aus den Resten von Fenchel in Zitronensahne, ergänzt mit einem kleinen Rest Kartoffeln!

Eine Frittata soll langsam bei milder Hitze gebacken werden, dabei soll sie eine saftige, aber feste Konsistenz bekommen. Sie wird normalerweise auf dem Herd in einer Bratpfanne beidseitig ausgebacken: wenn Sie geschickt sind und eine Pfanne haben, in der nichts anklebt, können Sie versuchen, die Frittata in die Luft zu werfen, um sie dabei umzudrehen! Ungefährlicher ist es, sie auf einen Teller oder flachen Deckel gleiten zu lassen, die Pfanne darüberzulegen und Pfanne und Teller gleichzeitig zu wenden. Oder Sie schieben die Frittata für 1 Minute unter den Grill, um die Oberfläche zu bräunen. Man kann natürlich auch die Oberfläche weich lassen und die Frittata auf einem großen Teller umgedreht servieren; je nach Füllung ist dies manchmal notwendig. Oder, wenn Sie eine schöne, flache Form haben, kann die Frittata im Ofen gebacken und direkt aus der Form serviert werden.

SAHNIGE KARTOFFEL-FRITTATA

500 g Kartoffeln
Salz
⅛ l süße Sahne
2 TL Kräutersalz
3 EL Butter
6 Eier
50 g Parmesan, frisch gerieben
3–4 EL Olivenöl

Die Kartoffeln gut waschen und ungeschält in Salzwasser fast gar kochen, abkühlen lassen, schälen und auf einer Lochreibe grob raffeln. Sahne, Kräutersalz, Butter, Eier und Käse gründlich einrühren. In einer großen, am besten beschichteten Bratpfanne das Öl erhitzen, die Kartoffelmischung eingießen und bei milder Hitze braten, bis der Boden leicht gebräunt und knusprig ist. Um die Oberfläche zu bräunen, entweder im Ofen bei Oberhitze backen oder die Frittata auf einen Teller oder flachen Deckel gleiten lassen, die Pfanne umgedreht darauflegen und mit Glück und Geschick Pfanne und Teller zusammen so umdrehen, daß die Frittata umgedreht in der Pfanne landet und auf der anderen Seite nochmals braun und knusprig wird! Heiß servieren, am besten Tabasco dazu reichen.

MANGOLD-FRITTATA

500 g Mangold, entweder Stiele allein oder ganze Blätter
2 EL Butter
2 mittelgroße Kartoffeln
2 mittelgroße Zwiebeln
4 EL Olivenöl
50 g Parmesan, frisch gerieben
100 g Fontina-, Raclette- oder anderer pikanter Käse, grob gerieben
8 Eier
5–6 EL süße Sahne
½ TL Thymian
1 TL Kräutersalz

Mangoldgrün von den Stielen abstreifen und grob hacken, Stiele quer in 1 cm breite Streifen schneiden. Die Stiele mit der Butter und 2 EL Wasser in einen kleinen Topf geben und zugedeckt bei milder Hitze bißfest dünsten. Die Blätter dazugeben und 1 Minute mitdünsten. Den Deckel abnehmen und die Flüssigkeit wegkochen. Beiseite stellen.

Die Kartoffeln gut waschen und ungeschält in 1 cm breite Scheiben schneiden. Die Zwiebeln grob hacken. Das Öl in einer großen Bratpfanne erhitzen, Kartoffeln und Zwiebeln darin ca. 10 Minuten bei milder Hitze braten, bis sie weich und leicht gebräunt sind. Käse, Eier, Sahne und Salz in einer Schüssel verrühren, den Mangold zufügen, die Mischung über Kartoffeln/Zwiebeln gießen und bei niedriger Hitze langsam braten, bis der Boden gestockt und die Oberfläche noch etwas flüssig ist. Die Frittata wenden und die andere Seite ebenfalls goldbraun braten oder unterm Grill 2 Minuten überbacken. Heiß servieren.

KARTOFFEL-FRITTATA MIT KRÄUTERN

2 EL Butter
2 EL Olivenöl
500 g Kartoffeln, am besten neue
1 mittelgroße Zwiebel
1 TL Oregano
½ TL Basilikum
1 Knoblauchzehe
4 Eier
2 EL Weizenvollkornmehl
50 g Parmesan, frisch gerieben
3–4 EL süße Sahne
1 TL Kräutersalz oder ½ TL Salz
schwarzer Pfeffer

Die Kartoffeln sehr gut schrubben und ungeschält in 2 cm große Würfel schneiden. Die Zwiebel hacken. Butter und Öl in einer großen Bratpfanne erhitzen, Zwiebel einrühren und 3–4 Minuten anbraten. Die Kartoffeln dazugeben und weitere 10 Minuten bei mäßiger Hitze braten, bis sie weich und leicht gebräunt sind. Die Kräuter einrühren und den Knoblauch durch eine Presse dazudrücken. Die Eier mit den restlichen Zutaten verrühren und über die Kartoffeln gießen. Die Pfanne hin- und herwenden, um das Ei zu verteilen. Langsam braten, bis der Boden fest geworden ist. Die Frittata umdrehen oder unterm Grill fertigbacken.
▷ Schmeckt besonders gut mit Tomatensalat.

PILZ-FRITTATA

Für 8 Personen
1 kg gemischte Pilze:
Steinchampignons,
Austernsaitlinge, Steinpilze,
Shiitake, Pfifferlinge, geputzt
5 EL Butter
5 EL Olivenöl
Salz, schwarzer Pfeffer
1 Knoblauchzehe, zerdrückt
1 TL Thymian
2 große, rote Zwiebeln, in
Scheiben geschnitten
100 ml Marsala oder Portwein
100 g Vollkorn-Semmelbrösel
Butter für die Form
6 Eier
200 g Greyezer- oder
Fontina-Käse, grob gerieben
¼ l süße Sahne
¼ l Milch

Die Pilze in möglichst gleich große Scheiben schneiden. Getrennt in einer Mischung aus 4 EL Butter und 4 EL Öl kurz anschwitzen, bis sie etwas weicher, aber nicht völlig gar oder verwelkt sind. Achtung: Die Garzeiten für die verschiedenen Pilze sind unterschiedlich: Shiitake und Austernsaitlinge brauchen nur 2–3 Minuten, um gar zu werden. Mit Salz, Pfeffer, Knoblauch und Thymian kräftig würzen.
Die Zwiebeln in der restlichen Butter-Öl-Mischung weich braten, Marsala und Semmelbrösel einrühren und kurz erhitzen, zu den Pilzen geben und mischen. In eine gebutterte Gratinform geben. Die Eier, Käse, Sahne und Milch verrühren, und über die Pilze gießen. Ca. 40 Minuten bei 180 °C im vorgeheizten Ofen goldbraun backen. 10 Minuten abkühlen lassen, servieren.

FRITTATA MIT GRÜNEM SPARGEL

750 g bleistiftdünne Stangen
grüner Spargel (grüner Spargel
muß nicht geschält werden;
wenn Sie weißen Spargel hierfür
einsetzen wollen, sollten Sie
normal dicke Stangen
aussuchen, die geschält
werden können)
Salz
5 Eier
6 EL Mascarpone oder
Sahnefrischkäse
Pfeffer
50 g Parmesan, frisch gerieben
½ unbehandelte Zitrone
3 EL Olivenöl

Die Spargelstangen vorsichtig durchbiegen, bis das harte Endstück abbricht. Die Stangen in Salzwasser ca. 3–4 Minuten blanchieren, abtropfen lassen. Eier, Mascarpone, Salz, Pfeffer und Parmesan verrühren. Die Schale von der Zitronenhälfte sehr dünn abschälen und in feine Streifen schneiden.
Öl in einer ofenfesten Bratpfanne erhitzen, die Spargelstangen vorsichtig hineinlegen und leicht anbraten, dabei mit einem Löffel die Stiele wie Wagenradspeichen in einem Kreis verteilen. Die Zitronenschalen darüber verteilen. Die Eiermischung eingießen und 1–2 Minuten bei milder Hitze am Boden stocken lassen. In den auf 200 °C vorgeheizten Ofen setzen und weitere 15 Minuten backen, bis die Frittata fest, aber nicht trocken ist. Heiß, warm oder kalt servieren, am besten mit einer pikanten Tomatensoße (Seite 85).

FRITTATA MIT PAPRIKASCHOTE UND GRÜNEN BOHNEN   Foto

Für 6–8 Personen

500 g grüne Bohnen

Salz

1 große, rote Paprikaschote

1 kleine Zwiebel

4 EL Olivenöl

150 g junger Parmesan, frisch gerieben

8 Eier

Pfeffer

Cayennepfeffer

¼ TL Basilikum oder 1 Bund frisches Basilikum, klein gehackt

½ TL Bohnenkraut

Die Bohnen putzen und in Salzwasser gar kochen. Die Paprikaschote halbieren, wenn erwünscht häuten (siehe Seite 42) und in bohnenbreite Streifen schneiden. Die Zwiebel in Ringe schneiden. In einer flachen Form oder ofenfesten Bratpfanne das Öl erhitzen, die Zwiebel darin glasig dünsten und die Paprikaschote, wenn nicht gehäutet, 5 Minuten mitbraten. Vom Herd nehmen, die Bohnen und Paprikastreifen sternförmig in der Pfanne auslegen wie bunte Radspeichen. Parmesan, Eier, Salz, Gewürze und Kräuter verrühren. Die Pfanne nochmals erhitzen, ohne das Gemüsemuster zu stören. Die Eiermischung darübergießen und leicht rütteln, um sie zu verteilen. Bei niedriger Hitze langsam braten, bis der Boden gestockt, die Oberfläche aber noch flüssig ist, wenden und fertigbacken. Oder von Anfang an 20 Minuten bei 200 °C im vorgeheizten Ofen ausbacken.

PASTA-FRITTATA

1 Tüte getrocknete Steinpilze (ca. 10 g)

ca. 50 g Hörnchennudeln (auch Reste – etwa 2 Kaffeetassen gekochte Nudeln)

2 EL Olivenöl

1 große Zwiebel, gehackt

6 Eier

2 mittelgroße Tomaten

1 EL süße Sahne

½ TL Salz, Pfeffer

½ TL Majoran oder Oregano

2 EL Butter

50 g Mozzarella, Fontina, Emmentaler oder anderer pikante Käse zum Überbacken

Die Pilze in eine Tasse geben und knapp mit lauwarmem Wasser bedecken und ca. 30 Minuten weichen lassen. Inzwischen die Nudeln bißfest kochen. In einer großen, ofenfesten Bratpfanne in dem Öl die Zwiebel langsam goldbraun braten. Die Eier leicht schlagen. Die Tomaten quer halbieren, die Kerne herausdrücken, das Fleisch klein würfeln und zu den Eiern geben. Sahne, Salz, Pfeffer und die Kräuter einrühren.

Die gekochten Nudeln gut abtropfen lassen und mit der Eiermischung verrühren. Den Ofen auf 200 °C vorheizen. Wenn die Zwiebeln gebräunt sind, die Pfanne kurz hoch erhitzen und die Pilze mit dem Einweichwasser eingießen (wenn die Pilze staubig oder sandig sind, das Wasser durch ein Tuch gießen) und einkochen lassen, bis das Wasser verdampft ist. Die Butter in die Pfanne geben und schmelzen. Die Eiermischung eingießen, 1 Minute braten und dann in den Ofen stellen und ca. 30 Minuten backen, bis die Frittata fest geworden ist. Inzwi-

schen den Käse reiben. Den Käse auf die Frittata streuen und nochmals einige Minuten backen, bis der Käse schmilzt. Heiß, warm oder kalt servieren.

ORANGEN-FRITTATA   Foto

6 Eier

2 EL Vermouth, wenn erhältlich, sonst Sherry, Port oder eine Spätlese

1 Fleischtomate

Salz, Pfeffer

3 EL Butter

2 große Orangen mit dicker Schale, z. B. Navelinos

Die Eier mit dem Wein verrühren. Die Tomate häuten, quer halbieren und die Kerne herausdrücken, das Fleisch würfeln und zu den Eiern geben. Mit Salz und Pfeffer würzen. Die Butter in einer Pfanne schmelzen und die Eimischung darin langsam braten. Wenn der Boden fest ist, umdrehen, die Oberfläche kurz braten und auf einen Servierteller gleiten lassen. Den Saft von 1 Orange darüber auspressen. Die zweite Orange mit einem Messer schälen, auch die Innenhaut entfernen, die Filets heraustrennen. Die Frittata mit den Filets verzieren und lauwarm servieren.

HARTGEKOCHTE EIER

Ich mag hartgekochte Eier sehr gerne und bin erfreut über die Vielfalt der Rezepte, die dafür in der italienischen Küche bekannt sind. Die folgenden Rezepte sind fast alle italienische Klassiker, die sehr einfachen ebenso wie die recht komplizierten Gerichte. Aber zuerst eine wichtige Anweisung.

Ich habe seit Jahren versucht, das perfekte Rezept zum Eierkochen herauszubekommen. Ein perfekt hartgekochtes Ei sollte nämlich *nicht* hart gekocht werden, weil es dadurch allzu oft die Konsistenz von Gummi bekommt. Ein perfekt »hartgekochtes« Ei soll fest und trotzdem zart sein. Das Eigelb soll nicht ganz trocken sein, es darf keinesfalls ein blauer oder grauer Ring um das Gelb entstehen. Dazu: Man sollte die Eier leicht schälen können, ohne das Ei dabei zu zerreißen.

Nach langem Studium über dieses wichtige Problem haben Kochwissenschaftler in Amerika folgendes entdeckt: Ein hartgekochtes Ei darf nie kochen. Bei Kochtemperatur wird das Eiweiß gummiartig, und das Eigelb entwickelt eine grüne Haut (eine Verbindung von Schwefel im Eiweiß und Eisen im Eigelb). Je höher die Temperatur ist und je länger sie einwirkt, um so härter wird das Weiß und um so grüner das Gelb. Daraus folgt: Die Eier in lauwarmem oder kaltem Wasser aufsetzen, zum Sieden, aber nicht zum Kochen bringen, fest zudecken, vom Herd nehmen. 20 Minuten im heißen Wasser stehen lassen – in dieser Zeit wird das Ei fest, aber nicht »hart«.

Ein fertiggekochtes Ei muß sofort in kaltes Wasser getaucht werden und sollte mindestens 5 Minuten darin liegen, bis es völlig abgekühlt ist.

Um die Eier hinterher besser abpellen zu können, sollten sie *vor* dem Abkühlen leicht angeschlagen werden. Zuerst das runde Ende auf der Arbeitsfläche leicht einschlagen, danach das Ei kurz auf der Arbeitsfläche rollen, damit die Schale ringsum Risse bekommt. Dann erst kommt es in das kalte Bad.

EIER IN SAHNESOSSE

6 Eier

Sahnesoße
2 EL Olivenöl oder Butter
1 mittelgroße Zwiebel, fein gehackt
2 EL Weizenvollkornmehl
⅛ l Milch
⅛ l süße Sahne
1 TL scharfer Senf
½ unbehandelte Zitrone
Salz, schwarzer Pfeffer
4 EL gehackte Blattpetersilie
100 g junger Parmesan, frisch gerieben

Die Eier, wie links beschrieben, garen, pellen, längs halbieren. Mit der Schnittseite nach unten nebeneinander in eine flache Gratinform legen, beiseite stellen. Grill oder Oberhitze des Ofens vorheizen.

Öl oder Butter in einem kleinen Topf erhitzen und die Zwiebel darin hellgelb anbraten. Mehl, Milch und Sahne glattrühren und zu den Zwiebeln gießen, leicht einkochen lassen. Senf einrühren. Das Gelb von der Zitrone fein abreiben und dazugeben. Salz, Pfeffer und Petersilie einrühren, mit dem Saft von der halben Zitrone etwas verdünnen und abschmecken. Über die Eier gießen, mit der Hälfte des Parmesans bestreuen und kurz unter den Grill geben, bis der Käse anfängt zu schmelzen. Sofort heiß servieren, den restlichen Parmesan getrennt reichen.
▷ Kartoffeln als Beilage reichen.

EIER, IN AUBERGINEN GEBACKEN

Für 6 Personen
3 kleine Auberginen
6 Eier
2 EL Salz
250 g Cremechampignons
2 EL Olivenöl
¼ l Milch
⅛ l süße Sahne
3 EL Weizenvollkornmehl
⅛ l trockener Weißwein
3 EL Parmesan, frisch gerieben
1 EL Kapern
1 EL Balsamico-Essig
Pfeffer nach Geschmack
Butter zum Braten

Die Auberginen längs halbieren, mit einem Messer tiefe Schlitze in das Fruchtfleisch schneiden, ohne dabei die Haut zu verletzen. Salz in die Schlitze und auf die Oberfläche streuen, die Auberginen mit der Schnittfläche nach unten in einem Sieb 1 Stunde »weinen« lassen. Inzwischen die Eier, wie oben beschrieben, garen, schon nach 10 Minuten knacken und abschrecken, mit Vorsicht abpellen und beiseite legen.

Die Champignons kurz abbrausen, Stielenden abschneiden, in Scheiben schneiden und in dem Öl 5 Minuten braten, bis sie verwelkt sind. Milch und Sahne mit dem Mehl verrühren, zu den Champignons geben, sanft köcheln und eindicken lassen. Mit dem Wein etwas verdünnen, die restlichen Zutaten einrühren und abschmecken.

Die Auberginen gut abspülen, das Fruchtfleisch mit einem Löffel auskratzen und fest ausdrücken. Fein hacken, in Butter weich dünsten und zu der Champignonsoße geben. Die Auberginenschalen nebeneinander in eine flache Auflaufform legen, 2 EL Soße in jede Schale füllen, je 1 Ei in die Soße legen und die restliche Soße darübergießen. Im vorgeheizten Ofen bei 180 °C ca. 20 Minuten backen, bis sich eine goldbraune Kruste gebildet hat. Heiß servieren.

PARADIESISCHE EIER AUF SPINAT

Ein etwas aufwendiges Gericht, das durch sein elegantes Aussehen und seinen tollen Geschmack die Mühe belohnt.

Für 8 Personen

Spinat
1 kg Spinat
⅛ l süße Sahne
2 TL Weizenvollkornmehl, fein gemahlen
1 Knoblauchzehe, zerdrückt
Kräutersalz, Pfeffer
geriebene Muskatnuß
(als Ersatz TK-Sahnespinat)

8 hartgekochte Eier
(wie auf Seite 108 beschrieben)
100 g frischer Ricotta
50 g Parmesan, frisch gerieben
Kräutersalz, Pfeffer
1 TL Oregano, 1 EL Senf
Cayennepfeffer oder Tabasco
1 Knoblauchzehe, zerdrückt

Den Spinat putzen, waschen, naß in einen Topf geben und zugedeckt bei milder Hitze zusammenfallen lassen. Den Deckel abnehmen und die Flüssigkeit wegkochen. Sahne und Mehl verrühren, zum Spinat rühren und leicht eindicken lassen. Knoblauch, Salz, Pfeffer und Muskat einrühren, abschmecken, beseite stellen.

Die Eier abpellen, längs halbieren, die Eigelbe herausnehmen, mit einer Gabel zerdrücken und mit dem Ricotta, der Hälfte des Parmesans und den restlichen Zutaten mischen. Diese Mischung wieder in die Eiweißhälften füllen, am besten mit einem Spritzbeutel. Den Spinat auf einer großen, feuerfesten Platte verteilen, die Eier daraufsetzen und mit dem restlichen Parmesan bestreuen. 10–15 Minuten im vorgeheizten Ofen bei 200 °C backen, bis die Oberfläche leicht gebräunt ist. Heiß servieren.

VERLORENE EIER IN TOMATENSOSSE

Tomatensoße
2 mittelgroße Zwiebeln
1 Knoblauchzehe
5 EL Olivenöl
500 g Tomaten
5 EL Tomatenketchup ohne Zucker (Bioladen)
1 TL Oregano
20 g Rosinen
50 g Pinienkerne
Kräutersalz, Pfeffer
2 EL Balsamico-Essig

8 Eier
100 g Parmesan, Romana- oder Pecorino-Käse, frisch gerieben

Die Zwiebeln hacken, Knoblauch fein hacken. Das Olivenöl in einer großen Bratpfanne erhitzen und Zwiebeln mit Knoblauch 10 Minuten darin sehr langsam schmoren, bis die Zwiebeln weich und goldbraun sind. Inzwischen die Tomaten blanchieren und häuten, grob hacken. Tomaten und Ketchup zu den Zwiebeln geben, Oregano und Rosinen einrühren und 15 Minuten leise köcheln lassen. Die Pinienkerne auf dem Backblech oder in einer trockenen Pfanne kurz rösten, bis sie Farbe bekommen, zu den Tomaten geben. Mit Salz, Pfeffer und Essig würzen.

Mit einem Löffel 8 Vertiefungen in die Tomatensoße drücken und in jede Vertiefung ein rohes Ei gleiten lassen. Auf jedes Ei 1 Löffel Käse streuen und die Pfanne zudecken. Bei milder Hitze weiterköcheln lassen, bis die Eier fest geworden sind. Heiß servieren.

HINWEIS
Wenn Sie rote Paprikaschote fein hacken, mit den Zwiebeln mitbraten und hinterher die Soße pürieren, wird sie noch intensiver rot und bekommt einen herrlichen Geschmack.

CRESPELLE
Dünne Eierkuchen

Crespelle sind die italienische Variante von französischen Crêpes. Sie werden meistens mit einer herzhaften Füllung versehen und im Ofen nochmals gebacken. Ich habe mich schwer entschieden, ob Crespelle besser unter »Getreide« (sie werden mit Vollkornmehl hergestellt) oder unter »Eier« (im Grunde sind sie Eierkuchen) eingereiht werden.

KÄSE-CRESPELLE MIT ZWIEBELFÜLLUNG
Foto

Käse-Crespelle

100 g Weizenvollkornmehl

3 große Eier

¼ l Milch

50 g Parmesan, gerieben

50 g Ricotta

Salz, Pfeffer

Butter zum Ausbacken

Zwiebelfüllung

500 g rote Zwiebeln

2 EL Olivenöl

Salz, Pfeffer

2–3 EL Balsamico-Essig oder etwas Orangensaft

2 EL Butter in Flocken

Mehl, Eier, Milch und beide Käsesorten verrühren, mit Salz und Pfeffer würzen und mindestens 10 Minuten ausquellen lassen. Wenn nötig, nochmals mit Milch verdünnen, um den Teig als ganz dünne Pfannkuchen ausbacken zu können. In der Butter backen, warm halten.
Die Zwiebeln in Ringe schneiden, lange und langsam in dem Öl weich dünsten, mit Salz und Pfeffer würzen und mit dem

Essig oder Saft abschmecken. Die Zwiebeln auf die Crespelle verteilen, die Crespelle zusammenrollen, auf einen feuerfesten Teller legen und Butterflocken daraufsetzen. 10 Minuten im vorgeheizten Ofen bei 200 °C backen. Heiß servieren.

TOMATEN-CRESPELLE MIT SPINATFÜLLUNG
Foto

Tomaten-Crespelle

¼ l Tomatenpüree (3–4 Tomaten, enthäutet und entkernt)

75 g Weizenvollkornmehl

6 Eier, Kräutersalz, Pfeffer

1 TL Oregano

Spinatfüllung

1 kg frischer Spinat, geputzt, gekocht (450 g TK-Spinat)

⅛ l süße Sahne

2 EL Mehl, Salz, Pfeffer

geriebene Muskatnuß

Knoblauch

125 g Mozzarella, grob gerieben, zum Überbacken

Das Tomatenpüree mit Mehl, Eiern, Salz, Pfeffer und Oregano zu einem glatten Teig rühren. Mindestens ½ Stunde quellen lassen, wenn nötig, mit etwas Wasser verdünnen zur Konsistenz von dicker Sahne.
Den Spinat fein hacken. Sahne und Mehl glattrühren und über den Spinat gießen, einkochen lassen und mit den Gewürzen abschmecken.
Aus dem Crespelleteig dünne, große Crêpes backen, mit dem Spinat belegen, zusammenrollen und auf eine ofenfeste Platte legen. Mit dem Käse bestreuen, im vorgeheizten Ofen bei 200 °C 15 Minuten überbacken. Heiß servieren.

KÄSE-GERICHTE

KÄSE, IN TOMATEN GEBACKEN

Ein schönes Rezept für Gäste: Alles kann im voraus zubereitet und im letzten Augenblick in den Ofen geschoben werden.

4 große Fleischtomaten oder
12 kleine Tomaten
1 Kugel (ca. 200 g) Mozzarella
100 g Fontina-Käse
1 Bund Frühlingszwiebeln
2 Bund frisches Basilikum
3 EL Kapern
1 TL Oregano
4 EL Olivenöl
Pfeffer

Mit einem scharfen Messer die oberen Viertel von den Tomaten abschneiden und die Früchte mit einem Löffel aushöhlen. Beide Käsesorten in kleine Würfel schneiden, Zwiebeln und Basilikum hacken, mit den restlichen Zutaten vermischen und in die Tomaten füllen. Die Deckel wieder aufsetzen. Die Tomaten in eine flache, ofenfeste Form setzen und ca. 30 Minuten im vorgeheizten Ofen bei 180 °C backen. Heiß servieren.
▷ Mit Reis, Nudeln oder Kartoffeln anrichten.

RICOTTA-FRITTEN

250 g Ricotta
¼ l Milch
100 g Weizenvollkornmehl
3 Eier, Salz, Pfeffer
50 g schwarze Oliven, entsteint
4 EL gehackte Blattpetersilie
¼ l Olivenöl

Alle Zutaten außer Olivenöl mischen und abschmecken. Eßlöffelweise in dem Olivenöl beidseitig ausbacken und heiß servieren.
▷ Tomatensoße (Seite 85) oder Gemüse dazu reichen.

GEBACKENER RICOTTA

1 kg Ricotta
4 Eier
100 g Parmesan, frisch gerieben
100 g schwarze Oliven, entsteint
1 Bund Blattpetersilie, gehackt
1 TL Oregano
3 EL sonnengetrocknete Tomaten in Öl (siehe Seite 13), grob gehackt
2 EL Olivenöl
Semmelbrösel

Ricotta, Eier und Parmesan gründlich mischen. Die Oliven grob hacken, mit Petersilie, Oregano und den Tomaten in die Käsemischung einrühren. Eine Auflaufform mit dem Öl auspinseln, mit Semmelbröseln ausstreuen und die Käsemasse einfüllen, glattstreichen. Ca. 1 Stunde bei 180 °C backen, bis die Masse fest und goldbraun ist. Abkühlen lassen, stürzen, in Stücke schneiden.
▷ Mit Crostini (Seite 16) servieren.

HINWEIS
Eine süße Variation finden Sie unter Nachspeisen auf Seite 121.

KÄSE-»FONDUE« PIEMONTESISCH

Dieses Rezept ist recht unpraktisch, weil es nur zubereitet wird, wenn man irgendwo eine weiße Trüffel ergattert hat. Im Piemont gelingt das etwas öfter als hier im Norden. Aber es könnte auch hier glücken, und ich kenne kaum ein Rezept, wo eine Trüffel so zur Geltung kommt.

500 g Fontina-Käse, gewürfelt
½ l Milch
3 Eigelb
1 weiße Trüffel, in sehr feine Scheiben geschnitten
Toastbrot

Den Käse und ¼ l Milch zusammen in eine Schüssel geben und über Nacht ziehen lassen. Am nächsten Tag die Milch weggießen. Den Käse mit ¼ l frischer Milch in einem Topf mit schwerem Boden erhitzen, bis der Käse schmilzt. Rühren, bis Käse und Milch sich zu einer sämigen Soße verbinden. Die Eigelbe nach und nach einrühren, zuletzt die Hälfte der Trüffel. Auf Portionsteller verteilen, mit den restlichen Trüffelscheiben bestreuen und sofort mit frisch geröstetem Toast servieren.

KÄSEPUDDING

Wenn Sie eine Ringform haben, in der nichts anhaftet, sollten Sie diesen Pudding unbedingt darin backen. Er wird dann aus dieser Form auf eine Servierplatte gestürzt und nochmals 15 Minuten gebacken, um braun zu werden. Sonst kann man ihn in einer Gratinform oder Auflaufform backen und in der Form servieren.

6 EL Weizenvollkornmehl
½ l Milch
3 EL Butter, Salz, Pfeffer
geriebene Muskatnuß
125 g Fontina- oder
Greyerzer-Käse
100 g Parmesan, frisch gerieben
4 große Eier, getrennt
Butter und 100 g Vollkorn-
Semmelbrösel für die Form

Das Mehl in einem trockenen Topf unter Rühren leicht bräunen. Die Milch mit einem Schneebesen klumpenfrei einrühren, aufkochen und dick einkochen lassen. Butter, die Gewürze und beide Käsesorten einrühren. Den Topf von der Herdplatte nehmen und die Eigelbe einrühren. Die Einweiße steif schlagen und vorsichtig unterheben.
Eine Form mit Butter ausfetten und mit Semmelbröseln ausstreuen. Die Puddingmasse einfüllen und auf das Backblech im Ofen stellen. Wasser auf das Blech gießen und den Pudding ca. 1 Stunde bei 180 °C im vorgeheizten Ofen backen. Immer wieder Wasser nachgießen, damit der Pudding nicht anbrennt oder austrocknet. Heiß oder warm servieren.
▷ Tomatensoße (Seite 85) oder Pilzsoße (Seite 54) oder Rahmspinat dazu reichen.

TOFU AUF ITALIENISCH

Zu Tofu-Rezepten, meine ich, müssen immer ein paar klärende Worte gesagt werden. Tofu ist eine traditionelle chinesische Sojaspeise, ein festes, grauweißes, käseähnliches Produkt, schnittfest, fast ohne Eigengeschmack, aber mit viel pflanzlichem Eiweiß und wenig Fett ausgestattet. Er wird durch eine recht einfache Methode aus Sojabohnen gewonnen: die Bohnen werden eingeweicht, geschrotet, in reichlich Wasser aufgekocht und ausgepreßt. Die gewonnene Flüssigkeit, die sogenannte »Sojamilch«, wird durch Gerinnungsmittel zu einer Art Quark verwandelt, und durch Pressen wird dieser Quark in feste Blöcke gedrückt. Tofu kann man auch in der eigenen Küche herstellen (das habe ich früher gemacht, als es ihn noch nicht in Deutschland zu kaufen gab), aber es gibt inzwischen eine Reihe sehr guter »Tofureien« in Europa. Die meisten Bioläden bieten Tofu aus biologisch angebauten Sojabohnen an. Es gibt auch Tofuzubereitungen mit Kräutern, Nüssen, Gewürzen, Gemüse.
Ich reihe Tofu bei den Naturprodukten ein und esse gerne mal Tofugerichte, vor allem weil Tofu, zwar selbst geschmacklos, die Aromen der begleitenden Zutaten gern aufnimmt. Er hat eine gute Konsistenz und läßt sich in vielen Rezepten anstelle von Eiern oder Käse verwenden. Dadurch, daß er fett- und kalorienarm und frei von tierischem Eiweiß ist, läßt er sich auch als ausgesprochen gute Diätspeise einsetzen.

Ich muß allerdings auch ein paar Einschränkungen erwähnen. Wir leben in einer Gesellschaft, in der die Menschen sich mit Eiweiß geradezu mästen. Der Eiweißkonsum in Europa ist über alle Maßen unnatürlich und ungesund. Wir brauchen, wenn wir gesünder essen wollen, keinen Ersatz für dieses Übermaß an Fleisch – ganz im Gegenteil. Wir sollten, um unser Gleichgewicht wiederherzustellen, unseren Konsum an Produkten mit konzentriertem Eiweiß, besonders tierischem Eiweiß, radikal einschränken. Das heißt, wenn Sie weniger Fleisch essen möchten, sollten Sie nicht den ganzen Fleischkonsum durch eine gleiche Menge an Eiern, Käse, Tofu und anderen vorwiegend eiweißhaltigen Produkten ersetzen.
Wenn Ihre Nahrung allerdings weitestgehend aus Gemüse, Getreide und Frischkost besteht und Sie mal in einem Gemüsegericht Tofu oder Eier verwenden möchten, um das Essen interessanter oder abwechslungsreicher zu gestalten, spricht nichts dagegen. Wir wollen nicht aus der Vollwertkost ausschließlich eine strenge Heildiät machen – obwohl sie durchaus als solche gestaltet werden kann, um eine »angeknackste« Gesundheit wiederherzustellen. Lieber wollen wir eine neue Art zu essen erlernen, die die Entstehung von Krankheiten verhindert, aber auch die Lust am Essen nicht schmälert. Unter diesen Aspekten möchte ich die folgenden Tofurezepte präsentieren.

Guten Appetit!

TOFU MIT LAUCH UND MASCARPONE

300–400 g Tofu natur
5 EL Tamari-Sojasoße
50 g Vollkorn-Semmelbrösel
5 EL Olivenöl
1½ kg Lauch
1 Knoblauchzehe
1 TL Thymian
1 TL Kräutersalz
schwarzer Pfeffer
200 g Mascarpone
(Crème fraîche als Ersatz)
1 unbehandelte Zitrone

Den Tofu in 1 cm dicke Scheiben schneiden, in der Sojasoße marinieren, dabei öfters wenden. Die Scheiben abtropfen lassen, in den Semmelbröseln wenden und in einer großen Bratpfanne in heißem Öl beidseitig goldgelb ausbacken. Herausnehmen, beiseite stellen.
Den Lauch putzen und waschen, in Querstreifen schneiden, dabei auch größtenteils das Grün mitverwenden. Den Knoblauch fein hacken, mit dem Lauch in der Bratpfanne dünsten, bis der Lauch weich und zum Teil leicht gebräunt ist (zusätzliches Öl verwenden, wenn nötig). Thymian, Salz, Pfeffer und den Käse einrühren und abschmecken, Sojasoße von der Marinade anstelle von weiterem Salz verwenden. Die Schale der Zitrone mit einem Sparschäler sehr fein abschälen, in feine Streifen schneiden und zum Lauch geben, den Tofu zufügen und alles vorsichtig mischen. Auf einem großen Servierteller anrichten. Die Zitrone in Achtel schneiden und den Teller damit verzieren.
▷ Mit Kartoffeln oder Risotto (z. B. Tomaten-Risotto, wegen des Farbkontrastes) servieren.

TOFU-»FRITTEDI«

Frittedi sind kleine Hackfleischplinsen, sehr wohlschmeckend, aber leider durch das Fleisch meistens sehr fettig und, für mich, unattraktiv. Ich habe gelernt, sie mit Tofu zu machen, und finde sie genauso wohlschmeckend, aber auch leichter verdaulich!

Für 20 kleine Frittedi
200 g Erbsen, auch TK
5 Scheiben Weizenvollkorn- oder Mischbrot
¼ l Milch
250 g Zwiebeln, gehackt
1 rote Paprikaschote, gehackt
3 EL Olivenöl
1 Kugel Mozzarella (ca. 200 g), grob gehobelt oder gehackt
50 g Parmesan, frisch gerieben
500 g Tofu, zerbröselt
3 Eier
1 TL Oregano
1 TL Kräutersalz
1 TL schwarzer Pfeffer
Vollkorn-Semmelbrösel, wenn nötig
Butter zum Ausbacken

Die Erbsen schälen oder auftauen. Das Brot würfeln und in der Milch einweichen. Zwiebeln und Paprika in dem Öl dünsten, bis sie leicht gebräunt und halbgar sind, ca. 5 Minuten. Erbsen dazugeben und mitschmoren bis sie fast gar sind. Das Brot ausdrücken und zerzupfen (die Milch zu einem anderen Zweck verwenden). Alle Zutaten mischen und gründlich durchkneten, nach Bedarf Semmelbrösel und/oder Milch dazugeben, um einen formbaren Teig zu bekommen. Nochmals abschmecken. Kleine Frikadellen formen und in der Butter ausbacken.

TOFU-STEINPILZ-GULASCH

400–500 g Tofu
⅛ l Shoju-Sojasoße
250 g Zwiebeln oder Schalotten
10 g getrocknete Steinpilze
250 frische Champignons
200 g Möhren
100 g Perlerbsen (TK), wenn erwünscht
Weizenvollkornmehl zum Panieren
5 EL Olivenöl
1 EL Basilikum
1 TL Kräutersalz
schwarzer Pfeffer
100 ml süße Sahne

Den Tofu in 3 cm große Würfel schneiden und ½ Stunde in der Sojasoße marinieren. Inzwischen die Zwiebeln grob hakken, die Steinpilze in ¼ l Wasser einweichen. Die Champignons mit einem feuchten Tuch abwischen, die Stielenden, wenn schmutzig, wegschneiden, die Pilze halbieren oder in Scheiben schneiden. Die Möhren in dünne Scheiben oder kleine Würfel schneiden. Perlerbsen auftauen.
Den Tofu abtropfen lassen und in dem Mehl wenden. In einer großen Pfanne das Öl erhitzen, die Tofuwürfel darin ringsum bräunen. Mit einem Schaumlöffel herausnehmen und beiseite stellen. Zwiebel, Champignons und Möhren in die Pfanne geben und bei milder Hitze in dem Öl schmoren, bis sie weich, aber noch bißfest sind, das dauert ca. 10 Minuten. Die Steinpilze mit dem Einweichwasser, Erbsen, Kräuter und Gewürze, Sahne und Tofu in die Pfanne geben, mischen und ca. 5 Minuten einkochen lassen. Abschmecken.
▷ Reis dazu servieren.

TOFU MIT MILDEN UND SCHARFEN PARPRIKASCHOTEN

Foto

Wenn Sie pikantes, scharfes Essen weniger gern mögen, schmeckt dieses Rezept auch nur mit den milden Paprikaschoten.

1 kg Paprikaschoten in gemischten Farben: rote, gelbe, grüne, wenn erhältlich auch orangene und braune

200 g scharfe, lange, grüne Paprika- bzw Pfefferschoten

1 Knoblauchzehe

250 g Tofu

3 EL Tamari-Sojasoße

Weizenvollkornmehl zum Panieren

6 EL Olivenöl

3–4 EL Balsamico-Essig

¼ l Gemüsebrühe

100 ml süße Sahne

Die bunten, milden Paprikaschoten putzen und in fingerdicke Streifen schneiden. Die scharfen Schoten entstielen, längs halbieren, Kerne und weiße Innenhäute entfernen und in lange Streifen schneiden (wenn Sie hierbei Gummihandschuhe tragen, vermeiden Sie die Gefahr, die Finger zu verbrennen; die Schärfe kommt von einem ätherischen Öl in den Innenrippen, deswegen werden sie entfernt. Hände waschen und Augen und Lippen nicht reiben, bevor die Hände gewaschen sind!). Den Knoblauch hacken, Tofu in fingerdicke Streifen schneiden und beide in der Sojasoße 10 Minuten marinieren.

3 EL Olivenöl in einer großen Bratpfanne erhitzen und die Paprikastreifen darin ca. 5 Minuten braten, bis sie weich und leicht gebräunt sind. Mit einem Schaumlöffel herausnehmen und beiseite stellen. Die Tofustreifen in Mehl wenden, restliches Öl in die Pfanne geben und den Tofu darin 4–5 Minuten unter vorsichtigem Wenden braten, bis die Streifen goldbraun sind. Auf einen Servierteller geben und warm halten. Paprika zurück in die Pfanne geben, die Soja-Marinade und den Essig dazugeben, aufkochen, mit der Brühe verdünnen, die Sahne einrühren und abschmecken. Über den Tofu gießen und heiß servieren.

▷ Pasta oder Reis dazu reichen.

TOFU MIT MANDELN UND GRÜNEN BOHNEN

1 kg frische grüne Bohnen
Salz
250 g Tofu
2–3 EL Shoju-Sojasoße
1 Knoblauchzehe, fein gehackt
1 Prise Chilie- oder
Cayennepfeffer
½ TL gebrochene schwarze
Pfefferkörner
2 EL Olivenöl
2 EL Butter
50 g Mandeln, grob gehackt
oder als Stifte
1 Bund Schnittlauch
1 TL möglichst frische
Rosmarinnadeln
1 Bund Blattpetersilie, fein
gehackt
1 Zitrone, geachtelt

Die Bohnen putzen und in Salzwasser knapp gar kochen, abgießen, mit kaltem Wasser abschrecken (damit die Farbe bleibt). Den Tofu in Stifte schneiden, etwa so dick und so lang wie die Bohnen. Sojasoße, Knoblauch, Chili, Pfeffer und Öl mischen und den Tofu darin ca. 1 Stunde marinieren.
Butter in einer großen Bratpfanne erhitzen und die Mandeln darin 1–2 Minuten rösten. Den Tofu abtropfen lassen und dazugeben, unter vorsichtigem Wenden 2–3 Minuten goldbraun braten. Die Bohnen dazugeben und mitbraten, bis sie heiß sind. Marinade und Kräuter einrühren, abschmecken und heiß servieren. Die Zitronenachtel dazu reichen.
▷ Am besten mit Reis servieren.

TOFU MIT BLUMENKOHL UND KAPERNSOSSE

1 mittelgroßer Blumenkohl,
ca. 1 kg
250–500 g Tofu, am schönsten
Kräutertofu
4–5 EL Tamari-Sojasoße
Weizenvollkornmehl zum
Panieren
5–6 EL Olivenöl
1 Knoblauchzehe
20 g Pinienkerne
Salz, Pfeffer
1 TL Oregano
¼ l Vermouth oder anderer
fruchtiger Weißwein
2 EL Kapern
Saft von 1 Zitrone (2–3 EL)
Cayennepfeffer

Den Blumenkohl putzen, in Röschen teilen und beiseite stellen. Den Tofu in Würfel schneiden und ca. ½ Stunde in der Sojasoße marinieren. Abtropfen lassen, in Mehl wenden und in dem heißen Öl sanft ausbraten, bis er ringsum gebräunt ist, das dauert ca. 5 Minuten. Herausnehmen und beiseite stellen.
Die Blumenkohlröschen in die Pfanne geben und 5 Minuten anschwitzen. Den Knoblauch fein hacken, mit den Pinienkernen dazugeben und langsam schmoren, bis der Blumenkohl bißfest, aber gar wird und alles schön hellbraun ist. Salz, Pfeffer, Oregano und den Wein einrühren und nochmals 5 Minuten köcheln. Kapern, Zitronensaft und Cayenne einrühren und abschmecken. Die Tofuwürfel dazugeben, nochmals umrühren und erhitzen. Sofort heiß servieren.
▷ Bandnudeln/Tagliatelle dazu reichen.

TOFU IN SALSA VERDE

400 g Tofu, in Scheiben
geschnitten
4–5 EL Shoju-Sojasoße
Weizenvollkornmehl zum
Panieren
4 EL Olivenöl
2 Knoblauchzehen
1 grüne Paprikaschote
¼ l trockener Weißwein
1 Bund Blattpetersilie, fein
gehackt
1 Bund frisches Basilikum, fein
gehackt
100 ml süße Sahne
Salz, Pfeffer

Tofuscheiben in der Sojasoße kurz marinieren, in Mehl wenden und in dem Öl beidseitig goldbraun ausbacken. Mit einem Schaumlöffel herausnehmen und warm halten. Knoblauch und Paprikaschote putzen, würfeln, in die Pfanne geben und bei niedriger Hitze langsam weich schmoren. Den Wein eingießen und etwas einkochen lassen. Die restlichen Zutaten einrühren, abschmecken und, wenn möglich, pürieren. Nochmals abschmecken und über den Tofu gießen.
▷ Mit Pasta oder Reis servieren, am schönsten mit Safran- oder Tomatenreis.

RÄUCHERTOFU MIT FENCHEL UND KNOBLAUCH

Geräucherter Tofu ist inzwischen in vielen Bioläden erhältlich. Er erinnert im Geschmack an geräuchertes Schweinefleich und ist für Menschen, die Schweinefleisch noch gerne essen, eine erfreuliche Erscheinung. Wenn Sie nicht dazugehören und eher abgestoßen werden von dem Rauchgeschmack, können Sie dieses Gericht genausogut mit einfachem Tofu zubereiten.

1 unbehandelte Zitrone
1 kg Fenchel (ca. 4 Knollen)
6–8 EL Olivenöl
400 g Räuchertofu
6 EL Tamari-Sojasoße
8 Knoblauchzehen(!)
Weizenvollkornmehl zum
Panieren
1 TL Fenchelkörner, zerstoßen
oder mit dem Mehl mitgemahlen
6–8 EL trockener Weißwein
2 EL Butter
schwarzer Pfeffer

Die Schale der Zitrone fein abschälen und klein hacken. Den Fenchel waschen, putzen (Stiele wegschneiden, äußere Blätter entfernen), die grünen Blätter abschneiden, klein hacken und beiseite stellen. Die Fenchelknollen senkrecht vierteln oder achteln. 3 EL Öl in einem flachen Topf erhitzen und den Fenchel darin unter häufigem Wenden 5 Minuten anschmoren.
Inzwischen den Tofu in 2–3 cm große Würfel schneiden und in der Sojasoße marinieren. Den Knoblauch schälen, die Zehen zum Fenchel geben, ⅛ l Wasser zufügen, zudecken und bei mil-

der Hitze in ca. 20 Minuten weich köcheln lassen. Löffelweise Wasser nachfüllen, wenn nötig.
Den Tofu abtropfen lassen. Mehl mit der Hälfte der gehackten Fenchelblätter und mit den zerstoßenen Fenchelkörnern mischen, die Tofuwürfel darin wenden und im restlichen Olivenöl in einer Bratpfanne beidseitig goldenbraun ausbacken, aus der Pfanne nehmen. Den Wein eingießen und auf ein paar Eßlöffel einkochen lassen. Den Saft der Zitrone, die Butter und Pfeffer einrühren und diese Flüssigkeit zum Fenchel geben, abschmecken. Den Fenchel auf einer Servierplatte anrichten, die Tofuwürfel darüber verteilen und mit den restlichen Fenchelblättern verzieren.
▷ Mit Pasta oder Reis servieren.

TOFU »PUTTANESCA«

Puttanesca-Soße ist sehr beliebt in Italien, besonders im Süden, wo das Essen schärfer gewürzt wird als im Norden. Puttanesca heißt »Straßenmädchen« oder Dirne, die Soße soll »scharf, heiß und wild« schmecken.

Tomatensoße

1 kg frische, sehr reife Tomaten,
gehäutet, entkernt und gehackt
4–6 Sardellenfilets, fein gehackt
100 g schwarze Oliven,
entkernt und gehackt
3 EL Kapern
1 Bund Blattpetersilie, gehackt
2 Knoblauchzehen, zerdrückt
½ TL Chili oder Cayennepfeffer
1 TL Kräutersalz, ⅛ l Olivenöl

400 g Tofu, in Scheiben
geschnitten
4 EL Tamari-Sojasoße
Vollkorn-Semmelbrösel zum
Panieren
2 EL Olivenöl zum Braten
1 große Zwiebel, in Ringe
geschnitten

Alle Zutaten für die Tomatensoße in einer Schüssel mischen und 1 Stunde zugedeckt ziehen lassen.
Die Tofuscheiben in der Sojasoße ebenfalls marinieren. Kurz vor dem Servieren die Tofuscheiben in den Semmelbröseln wenden, in dem Olivenöl ausbacken, herausnehmen und in eine ofenfeste Servierschüssel geben. Mit der Tomatensoße begießen und im vorgeheizten Ofen bei 100 °C ca. 10 Minu ten erwärmen. Inzwischen die Zwiebelringe in die Pfanne geben und ca. 10 Minuten langsam schmoren. Über den Tofu in der Schüssel geben und sofort servieren.
▷ Pasta oder Reis dazu reichen.

NACHSPEISEN

Nach einem schönen Essen in Italien wird äußerst selten eine süße Nachspeise serviert. Die Italiener sind zwar für ihre süßen Speisen und für elegantes Backwerk bekannt, aber die knusprigen Mandel-Biscotti, luftigen Kuchen und cremigen Puddings werden meistens vormittags oder vor dem Kaffee genossen. Nach einer warmen Mahlzeit kommt statt Nachspeise meistens nur Obst oder ein bißchen Käse zu den letzten Schlucken Wein auf den Tisch. Bei festlichen Anlässen wird das Obst etwas feierlicher zubereitet, und genau diese Desserts sind meine Lieblinge. Ob es sich nur um ein paar Apfelspalten handelt, mit Orangensaft und Likör beträufelt, oder um eine Orange mit Muskatnußhonig, die kleinen Obsthappen sind ein perfekter Abschluß für das Essen. Daß sie auch genau in den Rahmen der Vollwertküche passen, zeigt mir nochmals, wie gesund die italienische Küche ist. Probieren Sie die folgenden Vorschläge, die noch einen zweiten Vorteil bieten: Sie sind fast alle im Handumdrehen fertig!

BIRNEN MIT ZITRONEN-MASCARPONE

4 Williams-Birnen
1 unbehandelte Zitrone
8 EL Rum
200 g Mascarpone
4 EL Honig

Die Birnen vierteln, Kerngehäuse herausschneiden. Die Zitrone halbieren, die Schale von einer Hälfte fein abreiben, von der anderen Hälfte in hauchdünnen Streifen abschälen. Den Rum mit dem Saft der ganzen Zitrone mischen und die Birnen darin marinieren. Den Mascarpone mit Honig und der abgeriebenen Zitronenschale mischen. Die Streifen in sehr feine Stifte schneiden.
Birnenspalten auf Dessertteller verteilen, mit Mascarpone zum Teil bedecken und mit den feinen Zitronenstiften verzieren.

MELONENCREME   Foto Seite 119

2 reife Netzmelonen
200 ml süße Sahne
8 EL Portwein
1 Bund Pfefferminze, gehackt, einige Blätter zum Verzieren lassen

Mit einem Ausstecher Kugeln aus den Melonen stechen, das restliche Fleisch mit einem Löffel auskratzen. Die Kugeln im Portwein marinieren. Die Sahne steif schlagen. Das restliche Melonenfleisch pürieren oder klein hacken und in die Sahne einrühren, die Minze zufügen. Die Melonenkugeln in Dessertschalen verteilen, Sahne darüberlöffeln und mit den ganzen Minzeblättern verzieren.

KAFFEECREME MIT COGNAC UND ORANGEAT

½ l starker Espresso-Kaffee
⅛ l Cognac, 4 TL Honig
1 Päckchen klare Gelatine
200 ml süße Sahne
4 EL feingehacktes Orangeat

Den heißen Kaffee, Cognac und Honig mischen, die Gelatine nach Packungsaufschrift darin auflösen und abkühlen. Die Sahne steif schlagen. Wenn der Kaffee anfängt zu gelieren, langsam in die Sahne schlagen. Das Orangeat mit einem Spatel einrühren und die Creme in Kaffeetassen verteilen. Anstelle von Kaffee nach dem Essen servieren (ungesund, aber lecker!).

FEIGENCREME

Nur zubereiten, wenn Sie wirklich süße, reife Feigen haben!

8 reife Feigen
200 ml süße Sahne
50 g Walnußkerne
4 EL Anislikör

Die Feigen halbieren und das Fruchtfleisch aus der Haut kratzen. Die Sahne steif schlagen. Die Walnußkerne auf ein Backblech legen und rösten, bis sie leicht Farbe annehmen, das dauert ca. 5 Minuten bei 180 °C; oder in einer Bratpfanne mit 2 TL Butter vorsichtig braten, bis sie leicht gebräunt sind (brennt schnell an!). 4 Kerne ganz lassen, die restlichen fein hacken und in die Sahne rühren. Das Feigenfleisch und einige TL Anislikör ebenfalls in die Sahne rühren. Kalt stellen. Auf Portionsteller verteilen, mit je 1 ganzen Walnußkern verzieren und sofort servieren.

MASCARPONE MIT HIMBEERPÜREE

200 ml süße Sahne
200 g Mascarpone
4 EL Honig
250 g Himbeeren
8 EL Himbeerlikör

Die Sahne steif schlagen, Mascarpone und Honig einrühren, kalt stellen. Die Himbeeren mit einer Gabel pürieren und Himbeerlikör einrühren. Die Mascarpone-Sahne auf Teller verteilen, das Himbeerpüree darüberlöffeln und servieren.

ÄPFEL MIT ZIMTCREME

4 süße Äpfel
Saft von 1 Zitrone
8 EL Mascarpone oder Crème fraîche
½ TL Zimt
4 TL Honig
2 Zimtstangen
2 EL Honig
¼ l Apfelsaft

Die Äpfel ungeschält in feine Spalten schneiden, Kerngehäuse entfernen, die Spalten sofort in den Zitronensaft geben und kalt stellen. Den Mascarpone mit Zimt und 4 TL Honig verrühren und kalt stellen. Die Zimtstangen und 2 EL Honig in dem Apfelsaft zum Kochen bringen, 10–15 Minuten köcheln lassen, bis der Saft auf ca. 8 EL eingedickt ist. Kurz vor dem Servieren die Apfelspalten auf Dessertteller verteilen, die Mascarponecreme darüberlöffeln und mit warmem Apfelsaft begießen. Sofort servieren.

PFLAUMEN IN BARBERA

500 g Trockenpflaumen
¼ l Barbera (trockener Rotwein)
1 unbehandelte Orange
1 unbehandelte Zitrone
4 EL Honig

Die Pflaumen über Nacht in wenig Wasser quellen lassen. Die Pflaumen mit dem Wein zum Kochen bringen, vom Herd nehmen. Orange und Zitrone halbieren und den Saft von je ½ Frucht zu den Pflaumen geben. Die zweiten Hälften in feine Scheiben schneiden, Kerne entfernen und die Scheiben ebenfalls zu den Pflaumen geben. Abkühlen lassen, kalt stellen. In Dessertschalen anrichten und mit dem Honig beträufeln. Servieren.

DÜNNE OMELETTS, MIT OBST GEFÜLLT
Frittatine ripiene di frutti

4 große Eier
5 EL Milch oder Sahne
3 EL Vollkornmehl (am besten von Hirse)
½ TL Salz
1 EL Honig
3 EL Butter
250 g frisches Obst, z. B. Pfirsiche
100 ml Mascarpone oder Crème fraîche

Eier, Milch, Mehl, Salz und Honig zu einem dünnen Teig verrühren. Butter teelöffelweise in einer nichthaftenden Bratpfanne schmelzen und 8 dünne, crêpe-ähnliche Omeletts bakken. Warm halten.
Das Obst putzen und klein schneiden, mit 1 TL von der Butter in der Bratpfanne erwärmen. Die Omeletts mit Obst be-

legen, aufrollen und nebeneinander in eine feuerfeste Form legen. Mascarpone darüber streichen und im vorgeheizten Backofen bei 180 °C kurz erhitzen. Warm servieren.

RICOTTA-DESSERT   Foto Seite 118

Wenn Sie Ricotta-Käse bekommen können, haben Sie eine Basis für viele Nachspeisen. Ricotta mit Obst schmeckt immer gut. Der Käse wird einfach in Scheiben geschnitten (nie mehr als 100 g pro Person, sonst ist das Dessert eine Mahlzeit!) und von frischem Obst begleitet.

VARIATIONEN

Ricotta mit Honig und Mandeln: Ricotta-Scheiben mit gerösteten, gehackten Mandeln und 1 TL Honig servieren.
Ricotta mit Rum-Rosinen: 100 g Rosinen über Nacht in 8 EL Rum einweichen, über die Ricotta-Scheiben verteilen und servieren.
Ricotta mit Kirschen in Chianti: 500 g süße Kirschen mit 4 EL Honig in ¼ l Chianti 5 Minuten köcheln. Die Kirschen herausnehmen und beiseite stellen. Die Weinsoße bis auf 4–5 EL einkochen lassen, über die Kirschen geben und kalt stellen. Zu Ricotta-Scheiben servieren.

ORANGEN-NUSS-WAFFELN MIT ORANGENSOSSE

Teig

6 EL geschmolzene Butter
150 g Weizenvollkornmehl
50 g gemahlene Walnüsse
2 EL Backpulver
½ TL Salz
4 Eier, getrennt, das Eiweiß steif geschlagen
½ l einfacher Joghurt
geriebene Muskatnuß

Orangensoße

150 g Orangenmarmelade ohne Zucker (Bioladen)
8 EL frischer Orangensaft
8 EL Orangenlikör, wenn erwünscht

Die Zutaten für den Teig außer dem Eischnee gründlich mischen. Unter den glatt verrührten Teig den Eischnee heben. In einem gefetteten oder beschichteten Waffeleisen nacheinander Waffeln ausbacken und auf einem Gitter auskühlen lassen.
Die Soßenzutaten zusammen erwärmen, bis die Marmelade flüssig wird. Zum Servieren die Waffeln kurz im heißen Ofen erwärmen und portionsweise auf Desserttellern anrichten. Die Soße darübergeben und, wenn erwünscht, mit Schlagsahne (oder Vanilleeis) servieren.

Trauben   Foto
mit Minze-Ricotta

200 g Ricotta (oder Sahnequark)
4 EL milder Honig
2 EL Zitronensaft
2 EL frisch gehackte Minzeblätter
4–8 EL Minzelikör (wenn erwünscht)
400 g blaue Trauben, gekühlt
400 g grüne Trauben, gekühlt
einige frische Minzeblätter

Ricotta, Honig, Zitronensaft und gehackte Minze mit dem Likör zu einer Creme schlagen. Die Trauben und die Creme auf Dessertteller verteilen, mit Minzeblättern verzieren.

Beeren   Foto
in Campari
mit Schlagsahne

500 g gemischte Beeren, möglichst frische
⅛ l Campari
4 EL Honig
200 ml süße Sahne

Die Beeren einige Stunden im Campari, mit Honig verrührt, marinieren. Die Sahne steif schlagen. Einen Teil des Campari in die Sahne einschlagen. Die Beeren in Schalen verteilen und die Sahne darübergeben.

Grapefruit   Foto
mit Honig und Pfeffer

4 kleine Grapefruit, am besten rosa Früchte
8 EL Honig
1 TL Korianderkörner
½ TL Pfefferkörner

Grapefruit mit einem Messer schälen, die weiße Innenhaut völlig dabei entfernen, die Filets aus den Trennhäuten lösen und auf Teller verteilen, Den Honig darüberträufeln. Koriander und Pfeffer in einer Kaffee- oder Getreidemühle sehr grob schroten, auf die Grapefruit-filets sprenkeln. Servieren.

ORANGEN MIT PISTAZIEN

Foto

5–6 große Orangen (am besten Navelinos)
4 EL Orangenlikör
1 gehäufter EL Arrowroot
100 g Pistazien
4 EL Honig
Schlagsahne zum Garnieren, wenn erwünscht

4 Orangen mit einem scharfen Messer schälen, dabei auch die weiße Innenhaut entfernen, die Orangenfilets aus den Häuten heraustrennen. Die restlichen Orangen entsaften. Den Saft mit dem Orangenlikör und Arrowroot mischen, in einem kleinen Topf zum Kochen bringen und so lange köcheln lassen, bis die Flüssigkeit eindickt. Die Soße über die Orangenfilets gießen, abkühlen lassen. Die Pistazien schälen (waschen, wenn salzig), mit dem Honig mischen und in dem Topf sanft erhitzen, auf einen Teller gießen und im Kühlschrank erkalten lassen. Die Orangen mit der Soße auf Teller verteilen und mit den Pistazien bestreuen. Nach Belieben mit einer kleinen Sahnehaube verzieren.

PFIRSICHE MIT AMARETTO

Foto

4 große, reife Pfirsiche
4 EL Orangenblütenhonig
Saft von 1 Zitrone
8 EL Amaretto-Likör

Die Pfirsiche kurz in kochendes Waser tauchen, die Häute abziehen, das Fruchtfleisch in Spalten schneiden. Den Honig mit dem Zitronensaft mischen und die Pfirsichspalten darin marinieren. Kurz vor dem Servieren die Spalten auf Dessertteller verteilen, die Marinade darübergießen und jede Portion mit 2 EL Amaretto beträufeln.

GRANITA

An einem heißen Sommertag gibt es nichts Schöneres als einen Becher Granita mit buntschimmernder Soße: weichgefrorenes Eis mit Obstsirup – mit der Konsistenz von weichem Schnee. Das Geheimnis ist ganz einfach. Wasser wird mit etwas Honig gemischt, eingefroren, nach etwa 2 Stunden mit einem Pürierstab cremig geschlagen und mit Obstsaft begossen. Granita wird sofort serviert, angerichtet in einem hohen Glas mit Löffel und Strohhalm. Die Variationen sind unbegrenzt! Auf den Straßen Italiens kann man Granita in schillernden Farben ergattern, zuckersüß, manchmal auch merkwürdig nach Chemie schmeckend (das sind die »naturidentischen« Geschmacksstoffe, nehme ich an). Zu Hause hat man die Möglichkeit, mit gesünderen Zutaten wie Püree von frischen Kirschen oder Himbeeren, mit frischem Orangensaft oder mit Honig und Zitronensaft Granita zuzubereiten. Oder mit Kaffee, wie hier in meinem liebsten Granitarezept:

½ l Wasser
---
6 EL Honig

⅛ l starker Espresso
---
200 ml Sahne

Wasser und Honig zusammen erwärmen, bis der Honig völlig aufgelöst ist. Kaffee einrühren und abschmecken; mehr Honig verwenden, wenn erwünscht. 2 Stunden einfrieren, bis die Flüssigkeit beinahe fest geworden ist. Mit dem Pürierstab aufschlagen, nochmals ½–1 Stunde gefrieren. Sahne steif schlagen. Granita nochmals pürieren, in Gläser füllen und mit der Sahne krönen. Sofort servieren.

HIMBEER-PFIRSICH-SORBET

---
250 g Himbeeren, gefroren
---
250 g Pfirsiche, gehäutet, gehackt und gefroren
---
200 ml süße Sahne, steif geschlagen
---
5 EL Pfirsichlikör

Das gefrorene Obst (außer einigen Himbeeren, die aufgetaut werden sollten) mit einem Pürierstab zu Mus schlagen. In die Sahne einheben, nochmals anfrieren. Kurz vor dem Servieren nochmals aufschlagen. Als »Halbgefrorenes« servieren. Mit einigen Himbeeren verzieren und mit dem Likör beträufeln.

PFLAUMEN-SORBET

---
500 g süße, reife Pflaumen oder Zwetschgen
---
5 EL Honig
---
3 EL Kirschlikör

Die Pflaumen entsteinen, mit Honig und Kirschlikör pürieren und im Eisfach gefrieren lassen. Wenn das Püree gerade halb gefroren ist, nochmals schlagen, nach einer Stunde wieder schlagen. Nicht ganz hart gefroren servieren, am besten ½ Stunde vorher aus dem Eisfach nehmen und in den Kühlschrank stellen.

BANANEN-CASSATA

---
4 Bananen, sehr reif, fast schwarz
---
3 Eigelb
---
6 EL Orangen-Likör
---
200 ml süße Sahne, steif geschlagen
---
4 EL kandiertes Zitronat und Orangeat, gemischt
---
2 getrocknete Aprikosen
---
3 Eiweiß, steif geschlagen

Die Bananen schälen und mit den Eigelben und dem Likör cremig rühren. Die Sahne, Zitronat und Orangeat einrühren, den Eischnee unterheben. Ins Eisfach stellen und anfrieren lassen. Als »Halbgefrorenes« servieren.

REGISTER

Für Vollwert-Freunde und Italien-Liebhaber

Barbara Böttner

Die neue Vollwertküche

Die pfiffigen Vollwertgerichte für Feinschmecker sind der Beweis, daß Gesundheit und Genuß kein Gegensatz sind, ja sich sogar hervorragend ergänzen. Die Autorin stellt Schlemmerrezepte vor, die alle Regeln der Vollwertkost erfüllen: farbenfrohe Salate, extravagante Suppen und Getreidegerichte, delikate Gemüsegänge und köstliche Desserts. Ein Profi-Bäcker gewährt Einblick in seine Bio-Backstube. Ein idealer Rezeptfundus – wobei die Zubereitung verblüffend einfach ist.

143 Seiten, 36 Farbfotos

Ausgezeichnet mit der Silbermedaille der Gastronomischen Akademie Deutschlands.

BLV Essen & Genießen 542/543

Barbara Böttner

Vollwertkost aus aller Welt

Entdecken Sie die internationale Vollwertküche mit diesen leicht nachvollziehbaren Rezepten aus China, Japan, Indonesien, Indien, dem Orient, Mexiko, dem Land der Indianer sowie Europa. Landesübliche Zutaten und Kochmethoden werden ausführlich erklärt.

127 Seiten, 37 Farbfotos

Antonio Piccinardi

Original italienische Pasta

Entdecken Sie die Vielfalt der Pasta-Sorten und -Formen, versuchen Sie die traditionellen und modernen Nudelgerichte mit Fleisch, Fisch, Gemüse oder Käse! Dieses Kochbuch zeigt Ihnen 122 Variationen der echten Pasta-Küche. Arbeitsfotoserien machen das Nachkochen leicht. Zahlreiche Rezeptfotos geben fantasievolle Anregungen zum Anrichten. Empfehlungen für geeignete Weine runden den Pasta-Genuß ab!

2. Auflage, 191 Seiten, 398 Farbfotos, 40 Zeichnungen

Ausgezeichnet mit der Silbermedaille der Gastronomischen Akademie Deutschlands.